Schlesien
Früher und Heute

Schlesien
Früher und Heute

KOMET

Inhalt

www.komet-verlag.de
Gesamtproducing: twinbooks, München
Text: Melanie Goldmann, Miriam Kuhl
Gesamtherstellung: KOMET Verlag GmbH, Köln

Printed in China

ISBN 978-3-89836-757-8

Einleitung

Schlesisches Himmelreich – „Seit Anfang des Monats bin ich nun in diesem zehnfach interessanten Lande, habe schon manche Teile des Gebirgs und der Ebene durchstrichen und finde, dass es ein sonderbar schönes, sinnliches und begreifliches Ganzes macht." Kein geringerer als Johann Wolfgang von Goethe schrieb diese Zeilen 1790 über Schlesien. Und so ist es kein Wunder, dass man sagt, die Schlesier wähnten sich manchmal schon auf Erden im Himmelreich.

Auf eine über tausendjährige Geschichte unter der Herrschaft polnischer, böhmischer, preußischer und sächsischer Könige und der Habsburger Monarchie kann die Grenzregion bereits zurückblicken. Schlesien war schon immer ein Land der Begegnung und des Miteinanders unterschiedlichster Menschen. Als Region im Herzen Europas gehört Schlesien zu den bevölkerungsreichsten Siedlungsräumen mit einem Gemisch verschiedener Kulturen und Sprachen. Und Schlesien war stets bekannt für seine vielfältige Kultur – mit Söhnen wie Gustav Freytag und Gerhart Hauptmann –, für seine idyllische Landschaft – mit der Oder als Lebensader – und den eigenwilligen Charakter seiner Bewohner.

Schlesien musste in seiner wechselvollen Geschichte aber auch so manche Zerreißprobe überstehen und ist heute ein Zuhause für Menschen mit völlig verschiedenen Schicksalen. Zum einen ist Schlesien für viele nach dem Zweiten Weltkrieg vertriebene Deutsche die frühere Heimat, die nur noch in Herz und Kopf zu finden ist. Trotzdem gibt es auch noch diejenigen, die nach vielen Jahren heute wieder offen ihre Identität als deutsche Schlesier in der Region leben können. Zum anderen wohnen hier viele polnische Familien, die nach 1945 aus den ehemaligen polnischen Ostgebieten in Schlesien angesiedelt wurden. Entlang Oder und Neiße lebten plötzlich Menschen, die sonst nie zu Nachbarn geworden wären.

„Wach auf, mein Herz und denke" forderte der schlesische Barockdichter Andreas Gryphius von seinen Mitmenschen nach dem Ende des Dreißigjährigen Krieges. Und dieser Ausruf scheint heute so aktuell wie damals: Noch immer ist das Verhältnis von Polen und Deutschen gespannt und die Wunden der mehr als vier Millionen Vertriebenen sind noch nicht verheilt. Mit dem Beitritt Polens und Tschechiens zur Europäischen Union im Mai 2004 ist die Grenzregion wieder in das Zentrum Europas gerückt. Und sowohl wiederkehrende Besucher als auch neue Touristen erkennen: Das Bild Schlesiens hat sich gewandelt. Statt schwerer Industrie mit Berg- und Hüttenwerken, verschmutzter Luft und staubigen Straßen kommt nun immer mehr die Schönheit der Kulturlandschaft ans Tageslicht. Reiche Handelsstädte – wie die heimliche Hauptstadt Breslau – lassen ihre Zentren wieder entstehen, beeindruckende Schlösser des schlesischen Barock und die malerische Landschaft des Riesengebirges laden zum Entdecken ein. Die Aufgabe der Zukunft muss sein, in den Köpfen der Menschen Brücken zu bauen – zwischen Alt und Neu, zwischen Ost und West, zwischen Polen, Tschechien und Deutschland – und körperlich längst nicht mehr vorhandene Grenzen einzureißen. So kann aus der berühmt gewordenen „schlesischen Toleranz" der Historie eine gelebte von heute werden.

Am eindrucksvollsten lassen sich die Geschichten von den Veränderungen der Region durch packende Bilder erzählen. Bildpaare sowie historische und aktuelle Einzelbilder in diesem Band dokumentieren Wandel und Kontinuität, machen Schlesiens Geschichte lebendig und bieten Stoff zum Nachdenken über die Zukunft. Die eindeutige Sprache, die die einzelnen Bilder in ihrem Nebeneinander sprechen, ermöglicht den Blick auf eine verborgene Vergangenheit und lässt die Gegenwart in einem neuen Licht erscheinen. Entdecken Sie Schlesien, wie es vielfältiger und bemerkenswerter nicht sein könnte – früher und heute.

Ein Buch, das nachdenklich macht – Bilder, die uns die Augen öffnen.

Traditionen großgeschrieben Eine Familie führt bei einem Folkloreumzug im oberschlesischen Iglau die typische Tracht des Riesengebirges vor.

Imposante Kulisse Die historische Aufnahme der Altstadt von Glatz (heute Klodzko in Niederschlesien) zeigt den Rathausturm (Mitte) und die Türme der Minoritenkirche St. Maria (links). Im Hintergrund ist der Schlossberg mit der Festung zu erkennen.

Schlesien in alten Ansichten

Alte Heimat Die bewegte Vergangenheit Schlesiens mit ihrer langen Liste wechselnder Herrscher und jahrhundertelanger Auseinandersetzungen der einstigen Großmächte Preußen, Habsburg und Russland haben das Stadt- und Landschaftsbild der Region geprägt. Die schlesische Barockbaukunst ist berühmt, und auch die schlesischen Handwerkstraditionen – wie etwa das Klöppeln, Trachtenschneidern oder Weißsticken – wurden bis ins 20. Jahrhundert hinein von Generation zu Generation mit Stolz und Gewissenhaftigkeit weitergegeben.

Freystadt – Crossener Tor

Spaziergang im Mittelalter

Erste Hälfte 20. Jahrhundert Kleine Fenster, eine verwitterte Fassade aus grobem Stein – so präsentiert sich das Crossener Tor in Freystadt, dem heutigen Kożuchów. Es wirkt in seiner gedrungenen Wuchtigkeit neben dem fast filigran anmutenden, schlanken Turm mit Spitzdach etwas fehl am Platz. Der Crossener Torturm war Teil einer Bastei aus dem 15. Jahrhundert und damit Teil der Verteidigungsanlage der Stadt. Davon zeugt sein wehrhaftes Erscheinungsbild noch heute. Ein großer Teil der doppelten Stadtmauer aus dem Mittelalter ist ebenfalls noch erhalten, ganz im Gegenteil zu Rathaus, Gnadenkirche und Schloss, die nur noch in Teilen stehen.

Sagan – Rathausturm
Letzte Erinnerung an das Rathaus

1920er-Jahre Die historische Stadtansicht von Sagan in Niederschlesien (heute Zagan) zeigt eine belebte Geschäftsstraße und den Rathausturm im Hintergrund. Der Turm ist das einzige Überbleibsel des anfänglich am Ring gelegenen Rathauses, das aber bei einem Stadtbrand 1469 zerstört und an die ehemalige Ring-Sorauer Straße in die westliche Straßenfront der Wohnbebauung verlegt wurde. Der Turm behielt seinen Standort aus dem Jahr 1340. Er erhielt seine heutige neoklassizistisch-florentinische Form allerdings erst 1869–1880 unter Verwendung von Bruchstücken aus dem gotischen Rathaus. In der Ladenstraße zu seinen Füßen dominieren in den Jahren vor dem Zweiten Weltkrieg noch die deutschen Namen und Geschäfte. Selbst um 9:30 Uhr in der Frühe herrscht hier schon reger Betrieb.

Sprottau – Marktplatz
Einmaliges Rathaus

1905 Eine Militärkapelle lockt die Bürger Sprottaus – des heutigen Szprotawa – an ihre Fenster und auf den Marktplatz. Unübersehbar fällt dabei der ein oder andere Blick auch auf das Rathaus, das in ganz Schlesien einzigartig ist. Während der wuchtige Renaissanceturm aus den Jahren 1336 bis 1392 stammt, wurde der elegantere Barockturm erst 1730 bis 1732 hinzugefügt. Dass die Stadt von zwei Flüssen, Bober und Sprotte, und von viel Grün außerhalb und in den schönen Parkanlagen der Stadt durchzogen ist, machte die kleinstädtische Idylle besonders reizvoll. Als einzige größere Siedlung in der Region war sie für Bauern, Händler und Handwerker der Umgebung der geschäftliche Mittelpunkt.

Breslau – Dom
Johannes der Täufer wacht sorgsam über der Stadt

1956 Als der Breslauer Dom gebaut wurde – in seiner jetzigen Form zwischen 1241 und 1341 –, stand er inmitten der Oder auf einer Insel, die aufgrund eines ihrer prächtigsten Bauwerke den Namen Dominsel erhielt und als Ursprung der heutigen Stadt gilt. Seit 1892 erreicht man sie über die Most Tumski (Dombrücke), an deren Flanken Statuen stehen, rechts der Schutzheilige der Stadt, Johannes der Täufer. Vollständig lautet der Name des Wahrzeichens Breslaus (polnisch: Wrocław) „Kathedrale Sankt Johannes des Täufers". Die Verlängerung der Brücke, die Domstraße (Katedralna), führt geradewegs vor sein stattliches Portal. Die Zwillingstürme sind mit 98 Metern die höchsten Kirchentürme der Stadt, ihre Spitztürme erhielten sie erst 1991. Von dort oben hat man einen hervorragenden Blick über die Dächer Breslaus.

Breslau – Victoriastraße
Aus Trümmern gewachsen

1945 Zerbombte Häuser in der Schweidnitzer Vorstadt in Breslau zeugen von den Schrecken des Zweiten Weltkrieges. So wie hier oder ähnlich sahen 1945 vielerorts die Straßenzüge aus. Trotz aller Zerstörung – rund 70 Prozent der Stadt waren kaputt – trägt Breslau den Titel „Hauptstadt Schlesiens" immer noch zu Recht. Inzwischen leben wieder 700 000 Menschen in Breslau, mehr Einwohner als vor dem Krieg. Waren vor dem Krieg die Polen mit 0,1 Prozent der Bewohner eine verschwindend geringe Minderheit, so kehrte sich kurz nach dem Zweiten Weltkrieg die Bevölkerungsstruktur vollkommen um. Heute leben fast ausschließlich polnischstämmige Bewohner in der Stadt. Der Verwurzelung und Verbundenheit zur Stadt dieser neu zugezogenen Bewohner ist es in erster Linie zu verdanken, dass zahlreiche historische Bauwerke wiederhergestellt wurden. Insbesondere in den letzten Jahren waren in vielen Teilen der Stadt Restauratoren, Maler und Handwerker eifrig damit beschäftigt, Breslau nun wieder stolz in altem Glanz erstrahlen zu lassen.

Breslau – Oder

Eine Stadt im Fluss

1914 Dank der Oder wird Breslau oft als „Venedig Polens" bezeichnet. Der Hauptund seine zahlreichen Nebenarme prägen die Stadt, die sich beiderseits des Flusses erstreckt. Über mehr als 112 Brücken und Stege gelangt man zu den 12 Inseln, die sich im Stadtgebiet befinden. Die Oder ist nach der Weichsel der zweitlängste Fluss Polens. Von seiner Quelle im Odergebirge fließt er 854 Kilometer durch Polen, Tschechien und Deutschland bis zu seiner Mündung in die Ostsee. Schon Anfang des 20. Jahrhunderts gab es in der Stadt zwei Häfen – für die Handelsmetropole in der fruchtbaren mittelschlesischen Ebene ein unvergleichlicher Segen.

Schweidnitz – Marktplatz

Edler Gerstensaft: Das Schweidnitzer Bier

1956 Eine Pferdekutsche wartet am Markt auf Kundschaft. Womöglich auf einen Gast des Schneidnitzer Kellers, des Restaurants im Untergeschoss des Rathauses im Zentrum der Stadt, die heute Świdnica heißt. Das Traditionsgasthaus schenkte das sogenannte Schweidnitzer Bier aus, ebenso wie die gleichnamigen Gaststätten in anderen schlesischen Städten. Das beliebte Gerstenbier geht bereits auf das 14. und 15. Jahrhundert zurück, als die Stadt noch Zentrum des regionalen Brauwesens war. Aber nicht nur das Bier zog die Menschen in die Stadt, gleichzeitig war sie ein internationaler Handelsplatz: Hier am Markt wurden Wein aus Ungarn und Italien, Felle aus Russland, edle Tuche aus Flandern und vieles mehr feilgeboten. Nicht alle der historischen Gebäude rund um den Markt sind in ihrem ursprünglichen Zustand erhalten, Kriege, Brände und Seuchen wüteten auch hier. Doch mit viel Engagement hat die Bürgerschaft die Schäden behoben, sodass die Stadt auch heute viel mehr zu bieten hat als ihren promillelastigen Keller.

Brieg – Piastenschloss

Renaissance in wahrer Vollendung

Ende 19. Jahrhundert Es ist eines der schönsten Renaissanceschlösser Schlesiens in einer Stadt, die zu den ältesten des Landes zählt: das Piastenschloss in Brieg (heute Brzeg), das seine Grundsteinlegung 1544 erlebte. Während der Belagerung der Stadt 1741 wurden große Teile des Schlosses zerstört, die Restaurierung der Ruine ließ bis in die 1960er-Jahre auf sich warten, orientierte sich dann aber an historischen Vorlagen. Nicht nur das Gebäude ist sehenswert, auch das Piastenmuseum im Inneren lässt einen tiefen Blick auf die Historie zu. Die angrenzende, ursprünglich gotische Schlosskirche links neben dem Torbau des Schlosses ist sogar noch älter. Auch sie fiel der Belagerung zum Opfer. Ihr ursprünglich gotisches Antlitz erhielt Sankt Hedwig erst nach dem Zweiten Weltkrieg wieder.

Landeshut

Immer mit Blick nach vorn

Bad Salzbrunn. Kurpark, Blick auf Elisenhalle.

Bad Salzbrunn – Kurhaus

Auf den Spuren von Dichtern und Denkern

1920er-Jahre Bad Salzbrunn (heute Szczawno Zdrój) übernahm ab 1875 den Kurbetrieb des 5 Kilometer weiter nordwestlich gelegenen Waldenburg-Altwasser, dessen Mineralquellen als Folge des Bergbaus versiegten. Auf der Promenade aus dem 18. und 19. Jahrhundert wandelten schon die Brüder Carl und Gerhart Hauptmann (1858–1921 und 1862–1946), die in der Kleinstadt mit heute 5600 Einwohnern geboren wurden.

1936 An der Grenze zu Tschechien, am Osteingang zum Riesengebirge, wachte im Mittelalter eine Piastenburg über den Grenzverkehr. Sie behütete Stadt und Land, und daher erhielt Landeshut seinen Namen. Die Stadt am Bober, in der heute etwa 22 000 Menschen leben, blickt auf eine bewegte Vergangenheit zurück: 1392 Böhmen zugehörig, 1742 Preußen einverleibt und mit der Schlacht bei Landeshut 1760 von Österreich beherrscht und seit 1945 in polnischer Obhut, musste sich die Stadt häufig neu orientieren. Bestimmt wird der Blick auf das heutige Kamienna Góra damals wie heute durch die Gnadenkirche, die Dreifaltigkeitskirche, die Pfarrkirche Sankt Peter und Paul und das Rathaus, das erst vor gut 100 Jahren (1905) errichtet wurde.

Waldenburg – Automatenrestaurant

Die moderne Zeit hält Einzug

Um 1905 Heute keine Seltenheit mehr vor allem in Kantinen und Mensen, zur Jahrhundertwende aber etwas ganz Neues und Ungewöhnliches: ein Automatenrestaurant in Waldenburg, dem heutigen Wałbrzych. Hier wird nicht bedient, sondern entlang einer langen Theke präsentiert, was im Angebot ist und was die Hungrigen sich selbst auf Tabletts nehmen können. Bezahlt wird am Ende der Auswahlstrecke. Die Möglichkeit, sich selbst das Essen zu nehmen, sollte zum einen den Hunger schneller stillen und zum anderen durch das eingesparte Personalbudget günstiger für Gast und Wirt sein. Eine Weiterentwicklung dieses neuen Gastronomiekonzeptes war der 1902 in Philadelphia aufgestellte Automat, der vorportionierte Speisen und Getränke gegen entsprechenden Münzeinwurf herausgab.

Oppeln – Piastenturm

Geschichtsträchtige Insel

1910 Wo Oder und der Mühlengraben in Oppeln (polnisch: Opole) die Insel Pascheka bilden, stand einst, vermutlich seit 1217, das gotische Piastenschloss. Nach dem Tod des letzten Oppelner Piasten 1532 bis zur Nutzung als Regierungsgebäude 1860 war es einem zunehmenden Verfall ausgesetzt. Ein halbes Jahrhundert später wurde es abgerissen und ein modernes Verwaltungsgebäude nahm seinen Platz ein. Bis heute ist es Sitz der Woiwodschaftsverwaltung. Heute findet sich dort lediglich noch der 51 Meter hohe, runde Piastenturm. Er steht im Zentrum der Insel und ermöglicht einen herrlichen Blick über die Stadt. Dazu wurde er einst auch errichtet: als Beobachtungs- und Wehrturm.

Frankenstein

Markttreiben bringt Leben in die Stadt

1925 Die Gründungsgeschichte Frankensteins, das 65 Kilometer südlich von Breslau am Flüsschen Budzowka liegt und heute Zabkowice Śląskie heißt, ist ungewöhnlich: Herzog Heinrich IV. (um 1256–1290) war enttäuscht über die mangelnde Entwicklung der Orte Frankenberg und Löwenstein und entschied sich 1286 kurzerhand, eine neue Stadt zu gründen, deren Name sich aus beiden Vorgängern zusammensetzte. Frankenstein war geboren. Es blieb allerdings ein kleines Städtchen, dessen aktivste Zeiten bis in die erste Hälfte des 20. Jahrhunderts die Markttage waren. Aus den umliegenden Dörfern und Gemeinden kam in die Stadt mit dem schiefen Turm, wer etwas kaufen oder verkaufen wollte. Und auch für das eine oder andere Schwätzchen blieb bei dem gesellig-bunten Treiben an Markttagen noch genügend Zeit.

Bad Kudowa

Erholung für die Sinne

1940er-Jahre Eine wahre Augenweide: Grün soweit das Auge reicht, saftige Wiesen, hoch aufragender Baumbestand – dies ist das Glatzer Bergland mit seinen zahlreichen Bädern und bekannten Mineralquellen, ein Erlebnis für den ganzen Körper. Am Fuße der Rabenkoppe schmiegen sich einzelne Häuschen des berühmten und über 130 Jahre alten Kurortes Bad Kudowa (heute Kudowa-Zdrój) in den Talkessel der Landschaft. Die Nähe zu Tschechien macht die Region zur Wasserscheide Europas, denn die Bäche, die in Tschechien entspringen, bahnen sich ihren Weg zum Schwarzen Meer, während die auf polnischer Seite entspringenden Bäche in Ost- und Nordsee münden. Es heißt nicht umsonst, dass dieses Gebiet eines der schönsten Schlesiens ist.

Mittelwalde
Schlossherr für eine Nacht

1910 Folgt man der Glatzer Neiße von Habelschwerdt gegen den Strom in Richtung Süden, trifft man knapp vor der Tschechischen Grenze auf Mittelwalde, das heutige Miedzylesie. Gerade 2776 Einwohner wohnen im südlichsten Teil des Glatzer Berglandes. Es ist jedoch nicht nur aufgrund der umgebenden Wälder und der idyllischen Lage reizvoll; hier laden auch gut erhaltene Bürgerhäuser am Markt zu einem Streifzug durch die Geschichte ein. Auch das Schloss der Adelsfamilie Althann aus dem Jahr 1580 hat am Markt seinen Platz behauptet. Auf den Grundfesten einer Burg wurde es im Renaissancestil erbaut und zwischen 1684 und 1688 um einen Barockteil erweitert. Zwar kann man hier preiswert übernachten, aufgrund der dringend notwendigen Restaurierung, die immer noch aussteht, ist der Komfort aber eher gering.

Leobschütz

Ruhe und Abgeschiedenheit im Oppelner Land

1920er-Jahre 50 Kilometer südlich von Oppeln liegt die kleine Stadt Leobschütz (heute Głubczyce) mit knapp 14000 Einwohnern. Das Wahrzeichen der Stadt ist die weithin sichtbare doppeltürmige Pfarrkirche Mariä Geburt. Sie stammt aus dem 13. Jahrhundert und wurde im Laufe der Jahrhunderte immer wieder erweitert und umgebaut, zuletzt zu Beginn des 20. Jahrhunderts. Weitere Sehenswürdigkeiten sind die Stadtmauer mit ihren zahlreichen Wachtürmen aus dem 13. Jahrhundert, die Klosteranlage mitsamt Barockkirche von 1480 und etliche Barockskulpturen am Markt.

Königshütte

Von der Kohlegrube zur Industriestadt

1957 Die größte Eisenhütte im oberschlesischen Industriegebiet ist die Königshütte in der gleichnamigen Stadt, die heute Chorzów heißt, nordwestlich an Kattowitz angrenzend. Benannt wurde sie nach der Steinkohlegrube, die unter dem Namen „König" in der Nähe des heutigen Bahnhofs Kohle zutage förderte. Sie wurde 1802 von Graf Friedrich Wilhelm von Reden (1752–1815) und dem Ingenieur John Baildon (1772–1846) gegründet. Um die Hütte herum entstanden Arbeitersiedlungen. 1868 erhielt der Siedlungskomplex die Stadtrechte und Königshütte war nun nicht länger nur der Name der Hütte, sondern zugleich Stadtname. Im Zuge der Industrialisierung Ende des 19. Jahrhunderts wuchs die Stadt. Post, Hotel, Straßen- und Bahnstrecken, Bank, Stadion und vieles mehr entstanden, weitere Eingemeindungen vergrößerten sowohl ihre Ausdehnung als auch ihre Einwohnerzahl.

Gleiwitz

Im Mittelpunkt der Stadt blüht das Leben

1925 Pferde als Transportmittel sind in Gleiwitz zu dieser Zeit keine Ausnahme. Die Altstadt mit den gitternetzartig angelegten Straßen rund um den Marktplatz ist ein Relikt der mittelalterlichen Stadtanlage von 1276. Das Alte Rathaus steht – wie fast überall in Schlesien – am Ring, d. h. im Zentrum und stammt aus dem Jahr 1534, wurde aber im 19. Jahrhundert grundlegend umgestaltet. Der Neptunbrunnen davor stammt von 1794. Im Nordwesten der Altstadt ragt die Allerheiligenkirche auf, an der aber nicht mehr viel an die ursprüngliche Gestalt von 1294 erinnert. Regelmäßig finden auch heute noch am Rathaus Märkte statt, ein quirliger Ausgangspunkt, um auf den Spuren der Vergangenheit im heutigen Gliwice zu wandeln.

Tost
Im Schutze der Burg

1967 Uneins ist man sich hinsichtlich des Entstehungszeitpunktes der Burg, sie ist wohl zwischen dem 12. und dem 14. Jahrhundert entstanden. Ohne Frage aber hat die Burg das 4000-Seelen-Ortchen Tost (heute Toszek) bekannt gemacht, nicht zuletzt weil der Dichter Joseph von Eichendorff (1788–1857) die mittelalterliche gotische Burg in einigen seiner Texte erwähnte. Kein Wunder, wird wohl auch er auf dem See unterhalb der Burg im Winter geschlittert und gerutscht sein, denn seinem Vater gehörte um die Wende vom 18. zum 19. Jahrhundert die gesamte Umgebung. Mittlerweile sind in der mehrfach zerstörten und wieder aufgebauten Burg ein Museum, eine Bibliothek, ein Kulturzentrum und ein Café untergebracht.

Kattowitz

Kämpfen für die Heimat

August 1920 Am Rondo im Norden der Großstadt Kattowitz, 70 Kilometer nordwestlich von Krakau, steht heute ein Denkmal für die polnischen Aufständischen. Es wurde 1967 als Erinnerung an die unruhigen 1920er-Jahre gestiftet. Die Gründe für die drei Aufstände (1919-1921) waren politischer Natur: Der Versailler Vertrag sah vor, dass Oberschlesien nach dem Ersten Weltkrieg an Polen abgetreten werden sollte. Eine Volksabstimmung unter den deutschen und polnischen Einwohnern sollte dies besiegeln. Am Ring demonstrierten propolnische Aufständische, diskutierten und zeigten Einsatz für den Anschluss an Polen. Das Ergebnis der Abstimmungen führte letzten Endes aber zu einem Kompromiss, denn in der Stadt Kattowitz (polnisch: Katowice) stimmte eine Mehrheit der Bewohner für einen Verbleib bei Deutschland, während im angrenzenden Landkreis eine Mehrheit für Polen votierte. So wurden zwei Drittel Oberschlesiens Deutschland zugesprochen, das verbleibende Drittel Polen angegliedert.

Ratibor – Marktplatz

Alle Wege führen zum Ring

1956 Der Blick durch den Torbogen fällt auf das Zentrum des Ringes von Ratibor. dem heutigen Racibórz. Dort steht stolz die üppig verzierte, barocke Mariensäule. Der Bildhauer Johann Melchior Österreich schuf die Säule zwischen 1725 und 1727 im Auftrag der Gräfin von Gaschin. Sie wollte mit diesem steinernen Denkmal ihre Freude und ihren Dank zeigen, dass sie eine kurz zuvor wütende Cholera-Epidemie überstanden hatte. Auch in Ratibor ist der Ring das gesellschaftliche und geografische Zentrum der Stadt, acht Straßen führen direkt zu ihm und zahlreiche Sehenswürdigkeiten sind hier zu finden.

Pless – Schloss
Wisente zum Zeitvertreib

1957 Das beeindruckende Schloss Pless diente den Fürsten von Pless (heute Pszczyna) als Residenz. Der dreiflügelige Bau, der 1743 bis 1767 errichtet wurde, war jedoch nicht Hauptwohnsitz der Adligen. Sie nutzten es hauptsächlich als Jagd- und Sommerresidenz, der 84 Hektar große Park bot ausreichend Platz sogar für die Jagd auf Großwild. Dafür wurden eigens Wisente angesiedelt. Viele hochrangige Gäste, darunter Kaiser Wilhelm II. (1859–1941), besuchten die Schlossanlagen und übten sich als Jäger. Heute gilt der Park im englischen Stil als eine der schönsten Grünanlagen Schlesiens. Der letzte Fürst von Pless, Hans Heinrich XVII., wurde von den Nationalsozialisten enteignet und flüchtete daraufhin nach London, wo er 1984 verstarb. Heute findet man in den Innenräumen ein Museum, das das Leben und Herrschen der damaligen Fürsten im Spiegel der Zeit präsentiert. Auch einige Wisente sind in Form von Jagdtrophäen in die Ausstellung integriert.

Teschen
Geteilte Stadt

1920er -Jahre Die Grenze zieht sich seit 1920 nach dem Beschluss der Siegermächte des Ersten Weltkriegs mitten durch den Fluss Olga und teilt die Doppelstadt Teschen (polnisch: Cieszyn) in eine polnische und eine tschechische Hälfte. In den Jahren 1938 bis 1945 waren die beiden Teile noch ein letztes Mal vereint, seitdem ist die Trennung aber wieder vollzogen. Die Grenze im Fluss führt dazu, dass die drei Brücken der Stadt über den Fluss jeweils auch Grenzübergang sind. Die größte Brücke ist stolze 760 Meter lang und eine der längsten Wasserbrücken Polens. Und noch einen Superlativ hat Teschen anzubieten: Das älteste erhaltene Bauwerk in Schlesien ist nämlich die Kirche Sankt Nikolaus auf dem Schlossberg. Sie stammt aus dem 11. Jahrhundert. Selbst der Marktplatz, das traditionelle Zentrum vieler schlesischer Städte, ist jünger, wurde er doch „erst" im 15. Jahrhundert angelegt.

Bielitz-Biala

Wohlhabend durch Wollspinnerei

1900 Als das Theater gebaut wurde (1889-1890), war das Städtchen Biala auf der östlichen Seite des gleichnamigen Flusses noch eigenständig. Ein stetiges Zusammenwachsen war aber bereits früh zu erkennen, zum Beispiel durch das Erstarken der Wollindustrie und des Textilmaschinenbaus, der sich im 19. Jahrhundert entwickelte. Knapp 20 000 Menschen lebten 1910 in Bielitz, viele der teilweise ungelernten Arbeiter kamen aber aus den umliegenden Dörfern und der Stadt Biala, um in den Industriebetrieben zu arbeiten. Heute leben in der Doppelsatdt Bielsko-Biała über hunderttausend Menschen. Im Zentrum von Biala bestimmte ab 1890 das Theater das Bild der Stadt. Von Emil Förster (1822–1906) im klassizistischen Palladiumstil konzipiert, fiel insbesondere die Fassade mit dem römischen Triumphbogenmotiv und den Skulpturen auf.

Von Ost nach West Der Blick von der polnischen Grenzstadt Zgorzelec über die Neiße geht auf die Peterskirche im deutschen Görlitz, das als Tor zu Schlesien gilt.

Schlesien früher und heute

Region im Wandel Im 20. Jahrhundert änderte sich nicht nur die politische Lage Schlesiens, auch das Gesicht der Region wandelte sich so grundlegend wie niemals in den Jahrhunderten davor. Deutsche Namen und Straßenschilder mussten polnischen weichen, und aus einer ehemals überwiegend beschaulichen, von der Landwirtschaft geprägten Region wurde eine durch moderne Agrarökonomie bestimmte Industrielandschaft mit einem ertragreichen Bergbau. Zu Beginn des 21. Jahrhunderts scheint eine Kehrtwende erreicht zu sein: Die Rekonstruktion der Vorkriegsbauten steht heute im Vordergrund des Interesses und damit auch ein Aufblühen des Tourismus und ein verstärkter Augenmerk auf die gemeinsame Vergangenheit.

Neusalz – Hafeneinfahrt und Bootshaus des Ruderclubs Möwe

Knotenpunkt einer aufstrebenden Wirtschaft und Freizeitindustrie

1930er-Jahre In der Hafeneinfahrt der Stadt Neusalz (Nowa Sól) liegt malerisch das Bootshaus des Ruderclubs Möwe, während im Hintergrund die Industrieschlote rauchen. Die Schifffahrt besaß für das Wirtschaftsleben der Stadt eine entscheidende Bedeutung. Neusalz liegt am linken Oderufer, 11 Kilometer nördlich der Kreisstadt Freystadt. Seinen Namen verdankt der Ort der Tatsache, dass hier seit 1563 eine Salzsiederei für aus Frankreich und Spanien auf der Oder importiertes Meersalz stand. Mit diesem nach Schlesien transportierten Salz wollte Kaiser Ferdinand I. (1503–1564) die Versorgung des salzarmen Schlesiens gewährleisten und die Salzeinfuhr aus dem damaligen Polen einschränken. Am 8. Oktober 1743 wurde Neusalz von Friedrich II. dem Großen (1712–1786) zur Stadt erhoben, was zu einer erneuten Belebung des Ortes führte, da die Salzproduktion bereits 1710 eingestellt worden war. Mit dem Hüttenbetrieb Krausewerk wurde 1827 die erste Eisenhütte von Neusalz gegründet, 1853 kam die Paulinenhütte hinzu. Vor allem Emaillegeschirr wurde zum Produktions- und Exportschwerpunkt. Zwischen 1877 und 1880 wurden die Hochöfen jedoch stillgelegt.

Heutiger Aufschwung 1831 und 1897 wurde der Oderhafen zu seiner heutigen Größe ausgebaut. Die Verbindung nach Posen wurde 1870 verbessert, indem die alte Oderfähre durch eine Holzbrücke ersetzt wurde, die 1932 wiederum einer Eisenbetonbrücke weichen musste. Diese wurde am 9. Februar 1945 vom deutschen Militär gesprengt, bevor am 14. Februar die Rote Armee den Ort erreichte. Nach dem wirtschaftlichen Rückgang in der Zeit der Weltwirtschaftskrise, des Zweiten Weltkriegs, in dem die Stadt nur verhältnismäßig geringfügige Zerstörungen erlitt, und des Kommunismus entwickelt sich die Stadt im westlichen Teil Polens zu einem heute wieder lebhaften Industrie- und Wirtschaftsstandort. Nicht nur die Industrie erlebt einen neuen Aufschwung, auch der Tourismus wird bedeutender: Der Kajak- und Ruderverein am Südufer des Hafens dient heute neben dem neuen Touristenhafen als Anlegestelle für Wassersportler. Das Vereinshaus präsentiert sich als ein modern renoviertes Gebäude mit Gästebetten, einer Küche und Aufenthaltsraum.

Freystadt – Rathaus

Seit der Nachkriegszeit in zeitgemäßem Gewand

Um 1900 Prächtig und malerisch wirkt das Rathaus in Freystadt (Kożuchów) am Marktplatz in der preußischen Zeit, an dem noch die Kutschen fahren. Gegründet wurde Freystadt von Herzog Konrad II. von Glogau (gest. um 1273). Die Stadt, die 1253 das Stadtrecht erhielt, lag am Nord-Süd-Handelsweg, der von der Ostsee über Krossen nach Breslau führte, und profitierte davon wirtschaftlich. Sie war um einen großen, rechteckigen Ringmarkt mit rechtwinkligen Straßenzügen herum angelegt. Schon im Mittelalter war der Markt ein Ort für Handel und Gewerbe. Der älteste Rathausbau der Stadt im nördlichen Teil des Marktplatzes lässt sich auf den Anfang des 14. Jahrhunderts datieren. Durch einen Brand im Jahr 1488 wurde er jedoch zerstört. An seiner Statt errichtete man ein neues Rathaus im gotischen Stil, diesmal im Zentrum des Platzes.

Neuaufbau Nachdem die Stadt in ihrer Geschichte verschiedene Namen – Cosuchow, Wriegenstadt, Friegenstadt, Freienstadt, Freistadt und zwischen 1888 und 1945 Freystadt – getragen hatte, heißt sie heute Kożuchów. Zwar erinnert rund um Markt und Rathaus noch vieles an die Bebauung aus alten Zeiten, einige bauliche Elemente haben sich jedoch auch verändert, haben der Zeit nicht standgehalten oder wurden modernisiert. So überdauerten die fünf 1601 an der Nordseite des Gebäudes angebauten Kaufmannshäuser nicht bis in die heutige Zeit, und das in der Nachkriegszeit nur noch in Teilen erhaltene Rathausgebäude wurde um 1950 neu aufgebaut.

Freystadt – Rathausturm

Zeitzeuge mit neuem Gesicht

Um 1900 In der Geschichte von Freystadt wurde der wirtschaftliche Aufstieg immer wieder von Kriegen, Epidemien und Stadtbränden gebremst. Einige der Brände betrafen dabei auch das Rathaus. So wurde der erste Rathausbau vernichtet, als die Stadt 1488 von Truppen des Herzogs Hans von Sagan-Glogau (1435–1504) geplündert und in Brand gesteckt wurde. Das Rathaus wurde an seinem heutigen Standort in Ziegelbauweise neu aufgebaut. Der repräsentative Bau mit seinem schlanken Turm an der südwestlichen Seite war seither mehrfach von Bränden betroffen und wurde im Lauf des 17. Jahrhunderts immer wieder umgebaut. So wurde das Rathaus nach einem Großfeuer 1692 auf den erhalten gebliebenen gotischen Grundmauern neu errichtet, im Jahr 1849 wurde es ausgebaut.

Umbau im Lauf der Zeit Im Frühjahr 1945 wurde Freystadt von der Roten Armee besetzt und unter polnische Verwaltung gestellt. Die deutsche Bevölkerung wurde bis 1947 aus der Stadt, die heute zur Woiwodschaft Lebus gehört, vertrieben. Zwar blieb der Ort im Zweiten Weltkrieg weitgehend von Kriegshandlungen verschont, einige Gebäude haben dennoch die Zeit nicht unbeschadet überstanden. Vom Rathaus war in der Nachkriegszeit nur noch der Turm erhalten, der jedoch um 1950 umgebaut wurde.

Neustädtel – Blick über die Stadt

Wachstum und Modernität verändern das alte Stadtzentrum

Um 1900 Die Stadt Neustädtel (Nowe Miasteczko) im Kreis Freystadt wurde um 1290 als deutsche Siedlung gegründet. In der Mitte des rechteckigen Marktplatzes der einstigen Kolonistenstadt befindet sich das im Renaissancestil erbaute Rathaus von 1664/65. Durch ihre Lage an einer alten Handelsstraße, die von Crossen nach Breslau führte, wurde die Entwicklung zu einem bedeutenden Handels- und Marktplatz begünstigt. Erstmals erwähnt wurde Neustädtl in den herrschaftlichen Urkunden Heinrichs III. von Glogau (1260–1309) aus der Zeit vor 1296. Ursprünglich hieß die Stadt Pelachow, aber schon 1296 taucht der Begriff „districuts Nowestatensis" auf. Nach 1331 fiel Neustädtel an Böhmen und gehörte ab 1649 zum Jesuitenkloster in Wartenberg. Nachdem der Jusuitenorden in preußischer Zeit aufgelöst worden war, fiel der Ort dem Staat zu. Das Wirtschaftsleben der Stadt begann zu stagnieren, als beim Bau der Eisenbahnstrecken Breslau–Berlin (um 1840) und Breslau–Stettin (um 1855) die Stadt aufgrund der hohen Preisforderungen der hiesigen Grundbesitzer nicht in die Streckenführung mit einbezogen wurde.

Dicht und schlicht Neben dem gelb gestrichenen Rathaus in der Stadtmitte erinnert heute am Marktplatz noch vieles an die damaligen Zeiten. Die alten Bürgerhäuser sind allerdings zum Teil neuen, schlichteren Wohngebäuden gewichen, die Bebauung ist dichter und die Stadt größer geworden. Heute gehört Neustädtel zur westpolnischen Woiwodschaft Lebus und trägt den wörtlich übersetzten Namen Nowe Miasteczko. Die niederschlesische Kleinstadt am Weißfurth, in der zwischen 1906 und 1922 Braunkohle gefördert wurde, wurde am 5. Februar 1945 von sowjetischen Truppen besetzt und stark zerstört. Hatte die Stadt noch vor 1945, als sie dem Landkreis Freystadt angehörte, rund 1700 Einwohner, waren es 1969 schon etwa 2880 (heute etwa 2800). Mittlerweile ist Nowe Miasteczko eine Großgemeinde, die zehn Orte mit einer Gesamtfläche von 77 Quadratkilometern umfasst. Die Stadt selbst hat eine Fläche von 3,39 Quadratkilometern.

Neustädtel – Evangelische Kirche

Das einstige Herz der Gemeinde verliert an Bedeutung

Ende 19. Jahrhundert Die evangelische Kirche der Kleinstadt Neustädtel geht auf eine Vorgängerkirche aus dem Jahr 1744 am gleichen Standort zurück und wurde 1784/85 durch einen massiven Neubau im klassizistischen Stil ersetzt. Die heutige Gestalt erhielt der Kirchturm in den Jahren 1887/88. Zwar sah man dem anmutigen Kirchenbau schon in der Vorkriegszeit sein Alter an, dennoch wirkte die Kirche, von einigen schmutzigen Stellen am Turmanstrich abgesehen, freundlich und gepflegt.

Bröckelnder Putz, schmutzige Fassade
1945 wurde die ehemals evangelische Kirche in Neustädtel zu einem katholischen Gotteshaus und im Zuge dessen in „Kirche der göttlichen Vorsehung" umbenannt. Mit ihrem bröckelnden Putz und der schmutzig-grauen Fassade wirkt sie heute etwas vernachlässigt und restaurationsbedürftig. Auch die Nähe zum neu angelegten Kinderspielplatz lädt nicht unbedingt zur stillen Andacht und Besinnung ein. War die Kirche vor dem Zweiten Weltkrieg noch das Zentrum der evangelischen Gemeinde der Stadt, ist die Religionsausübung in der Zeit des Kommunismus nahezu gänzlich aus dem Stadtleben verschwunden.

Nieder-Großenborau – Schloss

Das Geburtshaus einer Grande Dame verfällt

Ende 19. Jahrhundert Das Schloss hatte einst berühmte Besitzer: Es gehörte zum Gutsbezirk des Robert Graf von Zedlitz-Trützschler (geb. 1837), des preußischen Kultusministers und Oberpräsidenten von Hessen-Nassau. Das alte Adelsgeschlecht derer von Zedlitz stammte eigentlich aus Franken, aber bereits um 1200 siedelten sich Teile der Familie in Schlesien an, wo sie zu einer der vermögendsten Familien des Landes avancierten. In eben diesem Schloss erblickte am 4. Februar 1867 auch Ruth von Kleist-Retzow (gest. 1945) das Licht der Welt, die später als engagierte Gegnerin des Hitler-Regimes in die Geschichte einging.

Tragische Freundschaft Auch wenn sich Ruth von Kleist-Retzow zeit Ihres Lebens für die Pflichten eines Gutsbesitzers gegenüber seinen Angestellten und dem ihm unterstellten Land einsetzte, verwahrloste das Haus ihrer Kindheit zusehends, da ihr Vater von Reichskanzler Otto Fürst von Bismarck (1815–1898) im September 1881 zum Regierungspräsidenten von Oppeln ernannt wurde und die Familie umzog. Nach einer kurzen Ehe begann sich die engagierte Christin und junge Witwe mit theologischen Theorien auseinanderzusetzen. Dabei lernte sie den streitbaren Priester Dietrich Bonhoeffer (1906–1945) kennen und unterstützte ihn direkt bei seinem Versuch eines Attentats auf Hitler. Auch machte sie ihn mit ihrer Enkelin Maria von Wedemeyer (1924–1977) bekannt, mit der sich Bonhoeffer 1943 kurz vor seiner Verhaftung verlobte. Heute erinnert an der verfallenen Schlossruine in Borow Wielki nichts mehr an eine der großen Frauen der evangelischen Kirche.

Brunzelwaldau – Schloss

Der einst prächtige Herrschaftssitz verfällt

Um 1900 Schloss Brunzelwaldau (Broniszów), rund 12 Kilometer von der niederschlesischen Stadt Freystadt entfernt, wurde im 13. Jahrhundert vom Grafen von Bronislaus, Schlosshauptmann von Beuthen an der Oder, inmitten dieser Waldgegend erbaut. Zur Zeit der Erbauung war es von Ringmauern und einem Wallgraben umgeben. Im Laufe seiner Geschichte ging das Schloss durch viele Hände. So gelangte das Gut in späterer Zeit zunächst in den Besitz der Familie von Kottwitz, in deren Eigentum es mehrere Jahrhunderte lang blieb. 1731 ging Brunzelwaldau in den Besitz Freiherr von Skronskys über. Nach dem Tod seiner Witwe gehörte das Gut der Familie von Abschatz, diese wiederum hinterließ es der Familie von Aulock. Letztere verkaufte das Palais 1839 an August Freiherr von Tschammer und Quaritz, dem Majoratsherrn von Quaritz. Dieser ließ das in der Zwischenzeit baufällig gewordene Schloss renovieren. Er verstarb im Jahr 1875.

Vernachlässigt und baufällig Abermals bedürfte das einstmals so herrschaftliche Schloss in heutigen Tagen einer umfassenden Renovierung. Der kleine Ort Brunzelwaldau im Landkreis Freystadt, der 1939 knapp über 600 Einwohner hatte, gehört seit dem Ende des Zweiten Weltkrieges zu Polen. Seitdem ist das Schloss, für das sich niemand mehr zu interessieren scheint, dem Verfall preisgegeben. Einige der Fenster fehlen oder wurden zugemauert. Die Fassaden sind heute baufällig und renovierungsbedürftig, und auch die früher gepflegte Umgebung des Schlosses erscheint heute in einem verwahrlosten Zustand.

Beuthen – Marktplatz

Sorgfältig restauriert nach der Wiedererrichtung

1920er-Jahre Die stattlichen klassizistischen und barocken Bürgerhäuser am Marktplatz von Beuthen an der Oder (Bytom Odrzański) haben zwar schon bessere Zeiten gesehen, wirken aber immer noch vornehm und eindrucksvoll. Der um einen mittelalterlichen Markt gewachsenen Stadt Beuthen wurde bereits um 1269 das Stadtrecht verliehen. Im Zuge der Industrialisierung im 19. Jahrhundert begann sich die Stadtstruktur innerhalb weniger Jahrzehnte stark zu verändern. Beuthen wurde zur urbanen Industriestadt. Rund um den mittelalterlichen Stadtkern entstand eine dichte Bebauung, die den städtischen Charakter prägte.

Neu erbaut und saniert Die schönen alten Häuser wirken inzwischen frisch und freundlich und erinnern noch so sehr an damals, dass beinahe der Eindruck entsteht, es wäre seither kaum Zeit ins Land gegangen. Was überrascht: Da 1967 ein Brand die alten Bürgerhäuser zerstört hatte, mussten sie 1970 aufwendig wieder aufgebaut werden. In den letzten Jahren wurden die Gebäude am Markt nochmals sorgsam restauriert, um die Stadt für Touristen und Investoren attraktiver zu gestalten, denn die industrielle Blütezeit ist längst vorbei und neue wirtschaftliche Strukturen müssen geschaffen werden. Rings um das immer noch beschauliche Zentrum werden die Straßen modernisiert, aber der restaurierte Marktplatz mit den ihn umgebenden alten, reich verzierten Mietshäusern aus der Sezessionszeit gehört nach wie vor zu den beliebtesten Sehenswürdigkeiten der Stadt.

Beuthen – Rathaus

Bedingungsloser Gehorsam führt zum Untergang

Von 1933 bis 1945 Vor dem Beuthener Rathaus sind Uniformierte aufmarschiert. Die Militärpräsenz und der Propagandaslogan „Führer befiel, wir folgen Dir!" zeichnet vor der sonst so friedlichen Kulisse den Weg in den Untergang vor. Bereits seit der Steinzeit war das Gebiet der Stadt besiedelt; die wechselhafte Geschichte der Stadt Beuthen selbst, am Rande der Dalkauer Berge gelegen, beginnt schon in der Zeit um das 11. Jahrhundert. An einer Furt durch die Oder entstand hier eine Landesfeste der schlesischen Piastenherzöge. Dem Versuch König Heinrichs V. (um 1081–1125) die Stadt im Jahr 1109 einzunehmen hielt Beuthen noch stand, ein knappes halbes Jahrhundert später jedoch als das Heer Kaiser Friedrichs I. Barbarossas (um 1122–1190) in Polen einfiel, wurde die Feste durch den polnischen Herzog Boleslaw IV. (um 1120–1173) niedergebrannt. Unter der Herrschaft Georgs Freiherr von Schoenaich (1557–1619) wurde zwischen 1602 und 1609 das barocke Rathaus mit seinem imposanten Turm erbaut, das zwar 1694 einem Stadtbrand zum Opfer fiel, jedoch wieder aufgebaut wurde. In der Zeit zwischen 1766 und 1884 wurde Beuthen zur Garnisonsstadt.

Ruhig und friedlich Der einstige Schauplatz nationalsozialistischer Machtdemonstrationen erscheint heute ruhig und friedlich. Man sieht ihm das Leid, das er ertragen musste, nicht mehr an. Im Zweiten Weltkrieg wurde Beuthen fast zur Hälfte zerstört und die deutschstämmige Bevölkerung nach der deutschen Niederlage 1945 gewaltsam vertrieben. Zwar hat sich das Rathaus im Lauf der Geschehnisse verändert – das Eingangsportal ist um einiges schlichter und der Turm moderner –, wesentliche Elemente haben jedoch nach der Rekonstruktion und Sanierung ihren früheren Charakter bewahrt. Das Rathaus trägt heute mit seiner freundlichen und hellen Fassade ebenso zur entspannten Stimmung bei wie die Sitzbänke und Hecken auf dem Platz davor.

Sagan – Schloss
Im alten Stil neu aufgebaut

1906 Beiderseits der Bober, zwischen Cottbus und Breslau, liegt die kleine Stadt Sagan (Żagań). Schon zu Beginn des 20. Jahrhunderts war das Saganer Schloss, dessen prächtige Südseite sich hier dem Betrachter präsentiert, mit seiner angrenzenden Orangerie eine besondere Sehenswürdigkeit. Die Grundsteinlegung des im Barockstil errichteten Schlosses ist General Albrecht von Wallenstein (1583–1634) zu verdanken, der 1628 von Kaiser Ferdinand II. (1578–1637) mit der Stadt belehnt wurde. Mit dem Tod Wallensteins gerieten die Arbeiten zum Schlossbau allerdings ins Stocken und wurden erst drei Jahrzehnte später vom neuen Besitzer, Fürst Wenzel Eusebius von Lobkowitz (1609–1677), weitergeführt. Der Zweite Weltkrieg ließ jedoch kaum einen Stein der dreiflügeligen Anlage auf dem anderen, lediglich der heute noch erhaltene Bergfried überstand den Krieg nahezu unbeschadet.

Fast wie ehedem Ab 1960 wurde das beeindruckende Schloss wieder aufgebaut, sodass es heute in alter Pracht die bewundernden Blicke der Besucher auf sich zieht. Seit 1978 kann man in dem im Schloss beheimateten Museum für Archäologie und Geschichte auf den Spuren vergangener Zeiten wandeln oder in der weitläufigen Parkanlage im englischen Stil spazieren gehen. Die Nähe zu den Nachbarstaaten – 40 Kilometer sind es bis zur deutsch-polnischen, 100 Kilometer zur tschechisch-polnischen Grenze – macht Sagan und sein imposantes Schloss zu einem beliebten, Völker verbindenden Ausflugsziel.

Sagan – Evangelische Kirche

Nur der Kirchturm trotzt dem Verfall der Nachkriegszeit

Um 1900 Schon Herzog Heinrich der Fromme (1473–1541) hatte in der Zeit zwischen 1539 und 1541 in Sagan die Reformation durchgesetzt. Die erste evangelische Kirche des Ortes geht jedoch erst auf die Altranstädter Konvention vom 1. September 1707 zurück. Darin beschlossen Karl XII. von Schweden (1682–1718) und Joseph I. (1678–1711), Kaiser des Heiligen Römischen Reiches Deutscher Nation, dass sechs schlesische Städte evangelische Kirchen bauen durften. Aufgrund dieser Erlaubnis durch königliche Gnade wurden die neuen Gotteshäuser „Gnadenkirchen" genannt. In Sagan wurde in der Folge 1709 eine Fachwerkkirche mit drei Emporen und einem barocken Altar errichtet. Diese wurde im Jahr 1845 durch die heutige Gnadenkirche ersetzt.

Restaurierter Turm Die 1945 nur geringfügig beschädigte Kirche wurde 1965/66 gesprengt und abgerissen. Einzig der Backsteinturm blieb erhalten. 2004 wurde der inzwischen denkmalgeschützte Kirchturm restauriert und in einen Aussichtsturm umgestaltet, der am 2. November des gleichen Jahres offiziell für Besucher wiedereröffnet wurde. Schon im ersten Jahr besuchten 4000 Menschen den Turm, ein Jahr später waren es sogar über 10 000 Personen, darunter auch viele deutsche Touristen. Hier sind Exponate zur Geschichte der Kirche sowie verschiedene Wechselausstellungen zu sehen. Zudem ist der Turm Schauplatz von kulturellen Veranstaltungen wie Konzerten. Leicht vernachlässigt und verfallen wirken hingegen die Fassaden der einst so gepflegten und anschaulichen Häuser der Friedrich-Wilhelm-Straße. Die ehemals zur Kirche gehörenden Gebäude hinter dem Kirchplatz wie das Pfarrhaus und die Schule sind heute zwar bewohnt, aber zum Teil in keinem guten Zustand.

Glogau – Rathaus

Später Wiederaufbau

Vor 1945 In der Zeit vor dem Zweiten Weltkrieg war das Glogauer Rathaus auf dem historischen Marktplatz in der Altstadt der glänzende Mittelpunkt der Stadt. Erstmalig erwähnt wurde Glogau (Głogów), als „urbs Glogua" im Jahr 1010, 1251 entstand das Herzogtum Glogau. 1253 erhielt der Ort die Stadtrechte. In diese Zeit gehen auch die Anfänge des Rathauses zurück, als im 13. Jahrhundert an seiner Stelle ein Wachturm als Vorgängerbau des Rathausturms errichtet wurde. Das eigentliche Rathaus entstand in den folgenden zwei Jahrhunderten. Im Lauf der Zeit wurde das Gebäude mehrfach modernisiert. Der 80 Meter hohe Turm aus dem Jahr 1720 war das Wahrzeichen der Stadt. Sein Aussehen in der Vorkriegszeit verdankte das Rathaus einem umfassenden Umbau in der Zeit zwischen 1832 und 1835. Der Entwurf hierzu, eine Kombination von Stilelementen florentinischer Paläste der Renaissance im Ostflügel und des Berliner Klassizismus im Westflügel, stammte von dem Architekten und Schinkel-Schüler August Soller (1805–1853).

In alter Schönheit Die Bilder ähneln sich so sehr, dass es heute kaum vorstellbar ist, dass das Glogauer Rathaus vollständig neu aufgebaut wurde. Kurz vor Ende des Zweiten Weltkriegs war die Stadt zur Festung erklärt worden. Nach sechswöchiger Belagerung nahm die Rote Armee am 1. April 1945 die zu 90 Prozent zerstörte Stadt ein. Auch das historisch wertvolle Rathaus war niedergebrannt. Einzig der von einem prächtigen Netz- und Kristallgewölbe geschmückte Innenraum im Erdgeschoss blieb erhalten. In der Nachkriegszeit entstand die westpolnische Stadt, die heute zur Woiwodschaft Niederschlesien gehört, in den Außenbezirken neu, während die Ruinen der Altstadt abgetragen wurden. Auch das Rathaus wurde abgerissen. Bis in die 1980er-Jahre hinein blieb das Stadtzentrum aus Mangel an finanziellen Mitteln unbebaut. Seither wurde die Innenstadt auf den ursprünglichen Fundamenten nach und nach wieder errichtet. Der Wiederaufbau des Rathauses in der Gestalt, die es zwischen 1835 und 1945 besaß, dauerte nahezu 20 Jahre. Finanziert wurde er aus der Stiftung für Deutsch-Polnische Zusammenarbeit. Der getreu nach historischen Vorlagen des Zustands von 1720 rekonstruierte Rathausturm, der im Dezember 1995 seinen Platz über dem Dach des Rathauses einnahm, ist seither der höchste in ganz Schlesien.

Glogau – Oderbrücke

Kaum mehr wiederzuerkennen

Um 1920 Einst trug die Glogauer Oderbrücke den Namen Hindenburgbrücke. Mitten im Ersten Weltkrieg wurde der Brückenneubau 1914 mit der Errichtung des linksseitigen Landpfeilers begonnen. Am 3. Juni 1917 konnte die Brücke, unter Anwesenheit von Vertretern von Staat, Provinz und Kreis Glogau feierlich eingeweiht, schließlich dem Verkehr übergeben werden. Für den Brückenbau musste die Eisenbahnstrecke der Breslau-Freiburg-Schweidnitzer Eisenbahn tiefer gelegt werden, um die Brücke darüber hinwegführen zu können. Die 77 Meter lange und 7,5 Meter breite eiserne Bogenbrücke besaß eine Straßenfahrbahn und zwei Fußwege. Der Bau kostete 700 000 Reichsmark. Die Geschichte des Glogauer Oderüberganges geht bereits auf das Jahr 1010 zurück, 1391 gibt es erste urkundliche Erwähnungen einer Brücke. Vor allem aufgrund von Schäden durch Brände, Hochwasser oder Krieg, aber auch durch den Fortschritt der Technik – beispielsweise die Dampfschifffahrt – war die Gestalt der Brücke im Laufe der Jahrhunderte einem starken Wandel unterworfen.

Leuchtendes Pink Mit einem komplett veränderten Äußeren erscheint die Oderbrücke am Stadtrand Glogaus in unserer Zeit. Die heute polnische Stadt in der Woiwodschaft Niederschlesien wurde im Zweiten Weltkrieg nahezu völlig dem Erdboden gleichgemacht, und die Zerstörung machte auch vor der Oderbrücke nicht Halt. Eine Neuerung der letzten Jahre ist auch die auffällige Magentafärbung: Anfang der 1990er-Jahre war die Brücke noch in tristes Grau gekleidet.

Militsch – Schloss der Grafen Maltzan

Restaurierung und Umnutzung

1930er-Jahre Militsch (Milicz) am Fluss Bartsch wurde 1136 erstmals als „castrum" (lat. Lager, Befestigung) erwähnt. Um das Jahr 1300 erhielt die Stadt das deutsche Stadtrecht. Nach dem Tod des letzte Piastenherzogs 1492 ging der Ort in den Besitz König Vladislav II. von Böhmen und Ungarn (1456–1516) über, der Militsch zwei Jahre später an seinen Kämmerer Sigismund III. Kurzbach übertrug. Die letzte Erbin der Familie, Eva Popelia Kurzbach, trat im Jahr 1591 das Erbe an ihren Ehemann, Freiherrn Joachim von Maltzan (gest. 1625), ab. Das beschauliche Schloss stammt aus den Jahren 1779 bis 1799. Der kuppelgekrönte Bau wurde auf dem westlich der Stadt gelegenen Hopfenberg im Stil einer gotischen Burg vom Grafen Joachim Carl von Maltzan (geb. 1733) errichtet. Der ebenfalls vor 1800 angelegte große englische Garten, der das Schloss umgibt, war seinerzeit als erster und einziger seiner Art in Schlesien eine Besonderheit. 1910 wurde das Schloss großzügig erweitert.

Eigentümerwechsel Zwar wurde die Stadt am 22. Januar 1945 kampflos von den einrückenden sowjetischen Truppen besetzt, trotzdem war Militsch Ende des Zweiten Weltkrieges zu etwa 40 Prozent zerstört. Das Schloss blieb dabei jedoch erhalten und hat, inzwischen restauriert, die Zeit bis heute überdauert. Die im Schloss beheimateten Kunstschätze, eine Wanduhren-, eine Kupferstich- und eine Gemäldesammlung sowie eine große Bibliothek, verschwanden jedoch, soweit nicht 1944 von der Familie von Maltzan in den Westen überführt, in sowjetischen Kunstsammlungen. Bis 1945 blieb das herrliche, vom Architekten Carl Gottfried Geißler in einem Stilmix von Barock und Klassizismus entworfene Palais im Besitz der Adelsfamilie. Danach wurde es als forstwirtschaftliches Technikum genutzt.

Görlitz – Marienplatz

Neugestaltung in der Zeit nach der Wende

November 1975 Der Marienplatz an der Schnittstelle der historischen Altstadt und der gründerzeitlichen Innenstadt ist das Zentrum der Stadt Görlitz. Hier gönnten sich schon zu DDR-Zeiten die Görlitzer gern ein bisschen Zeit zum Verweilen oder verabredeten sich vor dem als „Dicker Turm" bezeichneten Frauenturm. Der Turm, der an der Nordseite des Platzes den Zugang zur Altstadt markiert, ist einer der letzten erhaltenen Teile der im 19. Jahrhundert geschleiften mittelalterlichen Festungsanlage. Auf der Südseite des Platzes steht das Gebäude des in den Jahren 1912/13 gebauten Warenhauses Hertie mit seiner lichtdurchfluteten Halle. Die schmuckvolle Fassade des Staatlichen Naturkundemuseums prägt die Häuserzeile auf der Westseite des Marienplatzes. Schon im Spätmittelalter war Görlitz ein bedeutender Handelsplatz. Als Verkehrskreuz verband die Stadt die wichtigen europäischen Fernhandelsstraßen Frankenstraße, Hohe Straße und den Weg von der Ostsee nach Böhmen miteinander und war ein Zentrum der Tuchherstellung. Den Zweiten Weltkrieg überstand die Stadt nahezu unbeschadet, sodass am Marienplatz viele Bürgerhäuser aus dem 19. und frühen 20. Jahrhundert erhalten blieben. Da 1945 die Neiße zur Grenzlinie zwischen Deutschland und Polen wurde, ist die heute zum Bundesland Sachsen gehörende Stadt seither zweigeteilt in das deutsche Görlitz und das polnische Zgorzelec.

Preisgekrönter Umbau Ende der 1990er-Jahre wurde eine Neugestaltung des Marienplatzes notwendig, denn das um 1900 als Löschwasserbecken errichtete Wasserspiel in der Mitte des Platzes war undicht geworden und verlor große Mengen an Wasser. Auch die Aufteilung von Fahrbahn und Platzfläche war nicht mehr zeitgemäß. Nach der Neugestaltung nach dem preisgekrönten Entwurf des Dresdner Landschaftsarchitekten Till Rehwaldt (geb. 1965) in den Jahren 2001/2002 ist der Platz wieder ein beliebter Aufenthaltsort geworden. Seither gliedert sich der Marienplatz in drei Bereiche: mit einem dunklen Granitpflaster um den 45 Meter hohen Dicken Turm herum, großformatige Platten aus hellem Granit in der Platzmitte und einem promenadenähnlichen, mit einem Lindenbaumdach beschatteten Platzbereich rund um das Warenhaus Hertie. Viele Sitzgelegenheiten und das sogenannte „Wasserband", eine begehbare Brunnenanlage mit bepflanzten „Blumenbecken", bilden das Zentrum des Platzes.

Görlitz – Altstadtbrücke

Deutsch-polnischer Brückenschlag mit Symbolkraft

2000 Als eine zweigeteilte Stadt erscheint Görlitz noch im September des Jahres 2000. Durch das Stahlgeländer an der Vierradenmühle in Görlitz blickt man über die Neiße zur Dreiradenmühle auf der polnischen Uferseite, ohne die Grenze an dieser Stelle überqueren zu können. Doch dies sollte sich schon bald ändern: Rolf Karbaum, Oberbürgermeister der sächsischen Stadt, teilt mit, dass die finanziellen Mittel zur Errichtung der neuen Altstadtbrücke zur Verfügung stünden. Bereits im April des darauffolgenden Jahres sollte mit dem Bau der grenzüberschreitenden Fußgängerbrücke begonnen werden. Verband noch vor 1945 eine Brücke den deutschen mit dem heutigen polnischen Teil der Stadt, hatte die fehlende Brücke in der Nachkriegszeit die Trennung der beiden Staaten nur allzu deutlich gemacht. Bereits 1298 hatte an dieser Stelle eine Holzbrücke, ab 1906/1907 eine Steinbrücke mit Stahlbögen ihren Standort. 1641 und 1813 durch Brände vernichtet und 1897 durch Hochwasser zerstört, fiel die letzte Zerstörung am 7. Mai 1945 in die Verantwortung deutscher Wehrmachtssoldaten, die die Brücke zum Schutz gegen heranrückende sowjetische Truppen sprengten. Nach der Kapitulation Deuschlands am 8. Mai 1945 und der Teilung in die Städte Görlitz und Zgorzelec sah man für den Wiederaufbau der Brücke keinen Bedarf, da der Grenzverkehr über die Stadtbrücke abgewickelt wurde.

2003 Blick vom sächsischen Görlitz aus auf die polnische Uferseite. Schon im Herbst 2004 konnten auf der neuen, 82 Meter langen und 10 Meter breiten Bücke die ersten Fußgänger den deutsch-polnischen Grenzfluss überqueren. Der Bau wurde teils vom Freistaat Sachsen, teils von der Stadt Görlitz und der EU finanziert.

Brückenpark Endlich war es so weit: Am 20. Oktober 2004 wurde die Altstadtbrücke offiziell eröffnet. Anlässlich des Altstadtfests vom 26. bis zum 28. August drängten sich Tausende von Bewohnern der beiden Städte auf der noch nicht komplett vollendeten Brücke. Nicht ganz ein Jahr später, am 1. Mai 2005 wird abermals gefeiert: Die beiden Städte feiern das Projekt „Brückenpark", die künftige kulturelle Mitte der deutsch-polnischen Doppelstadt. Vor allem anlässlich der gemeinsamen Bewerbung als europäische Kulturhauptstadt 2010 kommt der verbindenen Brücke eine besondere Bedeutung als Symbol für ein zusammenwachsendes Europa zu.

Bunzlau – Ringmarkt

Vom Verfall der Nachkriegszeit zum repräsentativen Zentrum

Oktober 1947 Ein Junge spielt vor den alten Bürgerhäusern am Bunzlauer Ringmarkt. Die westpolnische Stadt Bunzlau am Bober wurde erstmals im Jahr 1201 als „Bolezlauez" erwähnt. 1241 erhielt der Ort das Stadtrecht, in dieser Zeit wurde die Stadt vermutlich auch neu angelegt. Nachdem die Stadt in den Hussitenkriegen 1429 gravierende Zerstörungen erlitt, begann man 1469 mit dem Bau einer doppelten Stadtmauer, die teilweise heute noch erkennbar ist. Der über 9000 Quadratmeter große Ring wurde zum Großteil nach den Zerstörungen des Dreißigjährigen Krieges neu bebaut. Die barocken Bürgerhäuser stammen aus dieser Zeit. Zudem befinden sich hier auch Häuser aus der Renaissance und der Spätgotik. Nachdem es Ende des Zweiten Weltkriegs bei der Einnahme Bunzlaùs durch die Rote Armee am 11. Februar 1945 zu massiven Zerstörungen kam, lageǹ 60 Prozent der städtischen Bebauung in Trümmern.

Neuer alter Glanz Die rund 40 000 Einwohner zählende Stadt Bolesławiec gehört seit dem Ende des Zweiten Weltkriegse zu Polen. In den 1950er-Jahren setzte auch am Ring der Wiederaufbau ein. Wo die einstige Bebauung im Krieg zerstört oder baufällig geworden war, wurden die Häuser im alten Stil neu aufgebaut oder entsprechend restauriert, sodass die Erscheinung des Ringmarkts heute wieder seiner historischen Gestalt sehr nahekommt. Die ehemals enge Altstadtbebauung wurde aufgelockert und erstrahlt heute als sehenswertes Gebäudeensemble in neuem Glanz. Lediglich auf der Ostseite wurden die Baulücken nicht geschlossen, um einen ungehinderten Blick auf die Pfarrkirche zu ermöglichen. Die liebevoll restaurierten Gebäude des Hauptplatzes der Stadt mit den bunt gestrichenen Gebäudefassaden beherbergen heute nicht nur Wohnhäuser, sondern auch Banken, Gaststätten und Geschäfte, in denen auch die berühmte und traditionsreiche Bunzlauer Keramik verkauft wird.

Breslau – Blick über die Stadt

Stilistische Kontraste in traditionsreicher Umgebung

Vor 1900 Die Stadt Breslau wird im Norden von der Oder sowie im Süden, Osten und Westen von der bogenförmigen Straße ul. Podwale begrenzt, die der einstigen Befestigungsanlage folgt. Die Stadt der Inseln und Brücken kann auf eine 1000-jährige Geschichte zurückblicken und ist damit eine der ältesten Städte Polens. Erstmals erwähnt wurde Breslau im 9. Jahrhundert. Die ersten Siedler waren vom slawischen Stamm der Silinger (Schlesier). Diese wurden von den Böhmern vertrieben, deren Anführer Vratislav I. (um 888–921) der Stadt den Namen Vratislavia verlieh. In der Folgezeit war die niederschlesische Stadt unter tschechischer, polnischer, deutscher und österreichischer Herrschaft. Im 19. Jahrhundert war Breslau nach Berlin und Hamburg die drittgrößte Stadt Preußens. Zudem nahm die Industrialisierung in der inmitten einer ertragreichen Bergbauregion liegenden Stadt ihren Aufschwung. Um 1840 wurde Breslau mit einer Einwohnerzahl von 100 000 zur Großstadt. Sie entwickelte sich zu einem Zentrum der Metallindustrie und des Maschinenbaus, es entstanden zahlreiche Fabriken. Zwischen 1850 und 1890 wuchs das Stadtgebiet stark an, und gegen Ende des 19. Jahrhunderts zählte Breslau beinahe 500 000 Einwohner.

Stilgemisch Nach der Machtergreifung der Nationalsozialisten 1933 verließen viele der 20 000 noch in Wrocław lebenden Polen und Juden die Stadt. Mit dem Ende des Zweiten Weltkriegs erfolgte wieder ein nahezu vollständiger Bevölkerungsaustausch: Die deutschen Bewohner wurden vertrieben, und viele der sich niederlassenden Polen waren ihrerseits Vertriebene aus dem an die Sowjetunion gefallenen Ostpolen. Die Stadt war in den letzten Kriegsmonaten zur Trümmerwüste geworden und der Wiederaufbau kam erst in den 1950er- bis 1960er-Jahren in Gang. Gebäude von historischer Bedeutung wurden zum Teil im Originalzustand rekonstruiert, aber auch moderne Bauten entstanden. Somit zeigt sich heute die städtische Bebauung als ein Mix von alter und neuer Architektur in vielen verschiedenen Stilen: Kirchen der deutschen Backsteingotik, Renaissancebürgerhäuser flämischen Stils, Paläste im Stil des Wiener Barock und funktionalistische Plattenbauarchitektur finden sich hier nebeneinander. 1997 wurde die Stadt schwer von der Jahrhundertflut betroffen, viele Gründerzeitwohnhäuser wurden schwer beschädigt und mussten abgerissen werden. Heute gewinnt die lebendige Universitätsstadt – mit 638 000 Einwohnern die viertgrößte Stadt Polens – zunehmende kulturelle, wirtschaftliche, aber auch touristische Bedeutung.

Breslau – Hauptbahnhof

Stetige Modernisierung

Ende 19. Jahrhundert Der Breslauer Hauptbahnhof (Wrocław Główny) wurde zwischen 1855 und 1857 für die Oberschlesische und die Breslau-Posen-Glogauer Bahn erbaut. Der Bahnhof, der sich damals am südlichen Stadtrand befand, wurde vom Architekten der Oberschlesischen Eisenbahn, Wilhelm Grapow (1827–1903), entworfen. Das Gebäude beherbergte ein Restaurant und Warteräume der ersten, zweiten und dritten Klasse sowie einen Raum für die Mitglieder des Hofes mit einem gesonderten Bahnsteigeingang. Die etwa 200 Meter lange, imposante Halle mit ihrem teilverglasten Dach galt nach ihrer Eröffnung als europaweit größte ihrer Art. Eine Gepäckabgabe sowie eine Telegrafen- und später auch eine Telefonanlage befanden sich an den Nebeneingängen. In der Zeit zwischen 1899 und 1904 wurde der Bahnhof umfassend erweitert. Die marode Bahnsteighalle wurde abgerissen und eine neue Wandelhalle in ähnlicher Form errichtet. Nach dem Zweiten Weltkrieg wurde ein Teil des Empfangsgebäudes für die Bürgermilizwache genutzt und entsprechende bauliche Veränderungen mussten vorgenommen werden. Viele Jugendstilornamente fielen einer modernen Ausstattung zum Opfer.

Kontrast von alt und neu Inmitten der modernen Umgebung fällt der historische Hauptbahnhof heute besonders ins Auge. Auch die Leuchtbuchstaben mit der Schrift „Wrocław Główny" über dem Haupteingang bilden einen lebhaften Kontrast zu dem im historisierenden Stil der englischen Neogotik gebauten, durch viele Erker und Türmchen gegliederten Bahnhofsgebäude. Das einstige Grün rund um den zunächst als Garten angelegten Bahnhofsvorplatz ist inzwischen verschwunden und einem Parkplatz und Taxistand gewichen. Nur noch wenige Bäume und ein Springbrunnen sind geblieben. Die in der Zwischenzeit sanierte Fassade des einst wichtigsten Eisenbahnkreuzungspunktes Schlesiens erstrahlt hell und freundlich, während das Innere wegen der milchig-gelben Deckenplatten oft recht dunkel wirkt; die riesige Stahlkonstruktion des Bahnhofsdaches setzte nach der langen Zeit teilweise Rost an. Der heute insgesamt über fünf Gleise verfügende Hauptbahnhof ist der größte Bahnhof der niederschlesischen Stadt.

Breslau – Dominsel

Rege Bautätigkeit im Lauf der Jahrhunderte

Um 1911 Ältester Teil und somit Geburtsort der Stadt Breslau ist die Dominsel (Ostrow Tumski). Bereits im 9. Jahrhundert errichteten hier die ersten Siedler des slawischen Stammes der Schlesier eine Festung. Im Jahr 1000 gründete der polnische König Boleslaw I. der Tapfere (967–1025) auf der 4,5 Hektar großen Insel ein Bistum und errichtete hier auf den Grundmauern eines zerstörten Vorgängerbaus einen Dom. 1037 durch tschechische Truppen zerstört, wurde er wieder aufgebaut. Im 13. Jahrhundert wurde der Dom von einfallenden Mongolen dem Erdboden gleichgemacht. Der heutige Kirchenbau stammt aus der Zeit zwischen 1244 und 1341. Sehenswert sind auf der Dominsel noch vier weitere Kirchen: die 1288 angelegte, monumentale Kreuzkirche mit ihren verschieden hohen Türmen, die kleine romanische St. Ägidius-Kirche, St. Peter und Paul aus dem 15. Jahrhundert sowie die im Zweiten Weltkrieg stark beschädigte und nach 1945 umgebaute Martinskirche aus dem 13. Jahrhundert mit ihrem achteckigen Zentralbau.

Gut besuchtes Wahrzeichen Mit ihren fünf Kirchen ist die Dominsel auch heute noch das geistliche Zentrum der Stadt. Die Zwillingstürme des restaurierten Doms sind auf nahezu jeder Ansichtskarte zu finden – schließlich ist der Dom das Wahrzeichen der Stadt. Im Zweiten Weltkrieg wurde der Dom zu zwei Dritteln zerstört und musste nach 1945 wieder aufgebaut werden. Die Bauarbeiten waren erst 1992 abgeschlossen. Aufgrund der stetigen Bautätigkeit zeigt sich die Kathedrale heute als Mix aus verschiedenen Stilrichtungen: Das Presbyterium stammt aus der Zeit zwischen 1242 und 1273, die gotische Marienkapelle wurde 1354 bis 1365 gebaut, und 1991 erhielt der Dom seine beiden Spitztürme – mit knapp 98 Metern die höchsten Kirchtürme Breslaus. Die Dominsel ist heute keine Insel mehr – 1810 wurde der nördliche Oderarm zugeschüttet und die Insel auf diese Weise mit der Stadt verbunden –, der Name ist jedoch bis heute geblieben.

Breslau – Dombrücke und Heilig-Kreuz-Kirche

Übergang in eine andere Welt

Um 1890 Die kolorierte Fotografie zeigt den Blick auf die Dominsel mit dem Breslauer Dom (rechts im Hintergrund) und der Heilig-Kreuz-Kirche (links). Letztere wurde am 11. Januar 1288 vom polnischen Herzog Heinrich IV. (um 1256–1290) von Schlesien-Breslau gestiftet. Die Einweihung des Hochchores fand bereits 1295 statt, die Fertigstellung des Kreuzschiffes und des Langhauses erfolgt erst in der ersten Hälfte des 14. Jahrhunderts. Die Kirche besteht aus einer dem heiligen Bartholomäus geweihten Unterkirche im unteren Geschoss und einer Hallenkirche zu Ehren des Heiligen Kreuzes im Obergeschoss. Von ihren beiden Türmen ist nur der Südturm ausgebaut. Die während des Dreißigjährigen Krieges von den Schweden als Pferdestall genutzte Kirche wurde im Zweiten Weltkrieg von einer Bombe getroffen, wodurch der gesamte Bau bis zur Unterkirche schwer beschädigt wurde. Die Zerstörungen konnten jedoch schon bald beseitigt werden.

„Seufzerbrücke" Die Dombrücke (Most Tumski) führt über den Nordarm der Oder und verbindet die Sand- (Wyspa Piaskowa) und die Dominsel (Ostrow Tumski) miteinander. Die eiserne Brücke wurde zwischen 1888 und 1890 erbaut. Ihre Brückenköpfe zieren Sandsteinstatuen des heiligen Johannes des Täufers, des Schutzpatrons der Stadt Breslau, und der heiligen Hedwig, der Schutzpatronin der Schlesier. Schon in früherer Zeit gab es hier eine Brücke, die als ältester Breslauer Oderübergang gilt. Da die Dominsel in der Zeit zwischen 1504 und 1810 ein autonomes Herrschaftsgebiet der Breslauer Bischöfe mit einer vom Stadtrecht unabhängigen eigenen Gesetzgebung war, konnten Verbrecher, die die Dombrücke überschritten hatten, nicht weiter von den Organen der Stadt verfolgt werden. Die malerische kleine Brücke mit ihren geschwungenen gusseisernen Torbögen wird heute auch „Seufzerbrücke" genannt, da sie ein beliebter Treffpunkt für Verliebte ist und war und auch so manch einem Touristen einen Seufzer der Bewunderung entlockt.

Breslau – Freiburger Bahnhof

Gastronomie statt Güter- und Personenverkehr

Ende 19. Jahrhundert 1841 wurde die Breslau-Schweidnitz-Freiburger Eisenbahn-Gesellschaft (BSF) gegründet. Die erste Strecke des am 1. Juli 1886 verstaatlichten Verkehrsunternehmens begann am Freiburger Bahnhof (Świebodzki) in Breslau. Seit dem 29. Oktober 1843 konnte man von hier aus bis zur 58 Kilometer entfernten schlesischen Kleinstadt Freiburg am Fuß des Eulengebirges fahren. 1945 war der Freiburger Bahnhof Schauplatz der dramatischen Flucht großer Teile der deutschen Bevölkerung. Güterwaggons mit je 30 bis 40 Personen, die jeweils nur 40 Kilogramm ihrer Habe retten durften, brachten die Menschen vor der heranrückenden Roten Armee in Richtung Westen in Sicherheit. Viele von ihnen überlebten diese Flucht nicht, sie wurden teils totgetreten, teils erfroren sie während der winterlichen Fahrt.

Umnutzung Heute erinnert am Freiburger Bahnhof am Berliner Platz (Plac Orlat Lwowskich) nur noch das Gebäude an die einstige Zeit des Güter- und Personenverkehrs. Der fünfgleisige Kopfbahnhof mit der bogenförmigen Halle ist mittlerweile stillgelegt und die Bahnsteige werden als Gelände für Flohmärkte genutzt. Heute befinden sich in der Bahnhofshalle ein Restaurant, ein Museum, ein Geschäftszentrum sowie ein Musikclub.

Breslau – Jahrhunderthalle
Wunderwerk der Technik

1913 Ein architektonisches Zeichen des Aufschwungs war seinerzeit die 1911 bis 1913 von Max Berg (1870–1947) erbaute Jahrhunderthalle (Hala Ludowa, zu deutsch: Halle des Volkes) gegenüber dem Zoologischen Garten in Breslau. Sie entstand zur gleichen Zeit wie das Messegelände, dessen Zentrum sie war. Vom 20. Mai bis zum 26. Oktober 1913 fand hier die Jahrhundertausstellung im Gedenken an die preußischen Befreiungskriege gegen Napoleon I. (1769–1821) statt. Zur Zeit ihrer Errichtung war die Jahrhunderthalle ein eindrucksvolles Beispiel architektonischer Superlative: Mit 65 Metern Spannweite und 42 Metern Höhe bedeckt die damals größte freitragende Stahlbeton-Kuppelkonstruktion den größten Zentralraum der Welt. In der Halle bot sich den Besuchern ein weltweit einzigartiges akustisches Highlight: die mit 15 133 Pfeifen und 200 Registern größte Orgel der Welt, eingerichtet von dem Orgelbauer Wilhelm Sauer (1831–1916).

UNESCO-Weltkulturerbe Kurz nach dem Zweiten Weltkrieg wurde 1948 vor dem Haupteingang der Jahrhunderthalle ein 100 Meter hohes Denkmal in Form einer gigantischen Nadel aus Stahl errichtet. Mit dieser zusammen ist die Halle zum weithin sichtbaren Wahrzeichen Breslaus geworden. War noch in den 1970er- und 1980er-Jahren vorübergehend ein Kino in der Halle untergebracht, ist die Mehrzweckhalle heute ein Austragungsort für Sportveranstaltungen und wird für Messen und kulturelle Events genutzt. Mit ihren 6000 Sitz- oder alternativ 20 000 Stehplätzen passt sie ihre Kapazitäten an den jeweils erforderlichen Platzbedarf an. Als Anerkennung dieser Pionierleistung des Stahlbetonbaus und der modernen Architektur wird die Jahrhunderthalle seit dem Jahr 2006 in der Liste des UNESCO-Weltkulturerbes geführt.

Breslau – Kaiserbrücke

Vom Prestigebau zum beliebten Treffpunkt

Um 1910 Breslau an der Oder liegt zwischen zahlreichen Kanälen und Nebenflüssen auf 12 Inseln. Mit ihrem Brückenreichtum kann sich die Stadt durchaus mit Venedig oder Amsterdam messen. Eine der heute 127 Brücken ist die zwischen 1908 und 1910 nach den Plänen der Architekten Mager, Weyerauch und Mayer erbaute Kaiserbrücke (Most Grunwaldzki). Die Eröffnung der Brücke am 10. Oktober 1910 beehrte als prominenteste Persönlichkeit der preußische Kaiser Wilhelm II. (1859–1941) mit seinem Besuch. Die Stahlhängebrücke wird von zwei Granitpfeilern gestützt und hatte eine Länge von 112 Metern. Die Brückenseile hatten eine Länge von 216 Metern. Zum Bau der Steintore waren 2400 Tonnen Granit notwendig, während die Stahlkonstruktion 2300 Tonnen schwer war.

Wiederaufbau nach Kriegsende Vor allem am Abend und insbesondere bei Sonnenuntergang bietet die malerisch beleuchtete Kaiserbrücke einen Anblick, der zum Träumen einlädt. Von hier aus lässt sich das herrliche Stadtpanorama beobachten. Die Kaiserbrücke ist heute Breslaus berühmteste Brücke. Der polnische Name „Most Grunwaldzki" erinnert an den polnischen Sieg über den Deutschen Orden in der Schlacht bei Tannenberg (Schlacht bei Grunwald) im Jahr 1410. Der monumentale Brückenbau im Stil der deutschen Architektur der Jahrhundertwende wurde zwar während des Zweiten Weltkriegs zerstört, konnte jedoch in der Zeit zwischen 1946 und 1947 wieder aufgebaut werden. Heute ist die Brücke in Breslau einer der beliebtesten Treffpunkte des Stadtgebiets.

ERBRUCKE
BRESLAU

Breslau – Salzmarkt

Stilistischer Querschnitt durch die Jahrhunderte

Um 1910 Damals, als das eherne Blücher-Denkmal des Bildhauers Christian Daniel Rauch (1777–1857) den Platz schmückte, hieß der Salzmarkt (Plac Solny) noch Blücherplatz. Die 1827 eingeweihte, 3,22 Meter große Statue zeigte den preußischen Generalfeldmarschall Gebhard Leberecht von Blücher (1742–1819). Auf einem hohen Granitsockel thronend, stürmte der Feldherr in Waffenrock und wallendem Reitermantel, die Linke erhoben, in die Schlacht. Den Platz säumten neben großen Warenhäusern auch die Villen vieler Adliger. Bereits im Mittelalter war Breslau eine florierende Handwerker- und Handelsstadt. Im Jahr 1241 jedoch wurde die Stadt von plündernden Mongolen heimgesucht. Die Gelegenheit des Wiederaufbaus nutzten die Stadtväter zur Errichtung eines großen Marktplatzes als Zentrum der Stadt, der direkt neben dem Salzmarkt liegt. Die Stadt entwickelte sich in der Folgezeit zu einer der reichsten Städte Mitteleuropas und erreichte in der Zeit zwischen 1387 und 1474, als sie noch Mitglied der Hanse war, ihre wirtschaftliche Blütezeit. 1829 begann ihre Bedeutung als Handelsstadt jedoch zu sinken.

Buntes Stilgemisch Inzwischen haben andere Sehenswürdigkeiten das Denkmal Blüchers ersetzt: Auf dem Platz, auf dem sich heute ein Blumenmarkt befindet, steht heute der 1997 geschaffene schmiedeeiserne Tritonbrunnen. An der Südseite des Marktes liegt die Alte Börse aus den Jahren 1822 bis 1824. Prächtige Bürgerhäuser in allen Stilrichtungen von Gotik über Barock und Renaissance bis hin zu Jugendstil und dem einen oder anderen modernen Bürohaus prägen heute den Salzmarkt. Da die Vorgängerbauten größtenteils im Zweiten Weltkrieg zerstört wurden, handelt es sich hierbei um detailgetreue Rekonstruktionen aus der Nachkriegszeit. Der heutige Name des Platzes sowie der frühere Name „Salzring" rühren daher, dass Breslau einst an der Salzstraße lag. Auf dem Markt wurden neben Salz auch Pelze und Honig aus Kleinpolen verkauft. Im pulsierenden Herzen der Stadt treffen sich heute Breslauer und Touristen zum Einkaufen und Ausgehen.

citibank handlow
KRAWCZYK
Konto

Breslau – Ring

Historischer Zeitzeuge im Wandel

Um 1895 Unter dem Denkmal des Preußenkönigs Friedrich Wilhelm III. (1770–1840) gruppiert sich als geografischer und gesellschaftlicher Mittelpunkt Breslaus ein als Ring (Rynek) bezeichneter Marktplatz, der damals wie heute zum Einkaufen und Flanieren einlud. Seit dem Mittelalter wurde am Breslauer Ring gebaut, sodass die Gegend schon zu Beginn des 20. Jahrhunderts ein Stilmix war. Zunächst transportierten die Bürger ihr Gut zu Fuß oder auf Pferdekutschen vom Markt nach Hause, ab dem 19. Jahrhundert dann mit der Pferdebahn, die den Platz überquerte. Auch noch zu Anfang des 20. Jahrhunderts wurden auf dem Platz – ein 205 x 175 Meter großes Rechteck, in dessen Mitte das Rathaus und einige Bürgerhäuser stehen – alte Bauten abgerissen und neue Häuser gebaut. Mit dem wirtschaftlichen Aufschwung und dem Aufbau neuer Unternehmen entstanden wie überall in der Stadt auch rund um den Ring neue Wohnbauten und Warenhäuser.

Breslaus gute Stube, adrett herausgeputzt Seit dem Jahr 2000 ist der Ring für den motorisierten Verkehr gesperrt, und einige Pferdekutschen ebenso wie die liebevoll restaurierten Fassaden barocker Giebelhäuser wecken Erinnerungen an längst vergangene Zeiten. Wie ein stummer Beobachter ragt im Hintergrund, im Nordwesten des Rings, die mächtige gotische Kirche Sankt Elisabeth auf. Nach zwei verlustreichen Bränden in den Jahren 1975 und 1976 wurde sie weitgehend wiederhergestellt und bietet mit ihrem besteigbaren Turm einen überwältigenden Blick über den Marktplatz und die Altstadt. Viele der fröhlichbunten Häuser am Ring sind Zeugen einer jahrhundertelangen, wechselvollen Geschichte: So floh die deutsche Bevölkerung nach dem Zweiten Weltkrieg gen Westen und polnische Bürger zogen in Breslau ein. Häufig ist daher heute in Straßennamen und Inschriften ein Nebeneinander deutscher und polnischer Sprache zu finden.

Breslau – Rathaus

Immer wieder erweitert und restauriert

1920er-Jahre Zu den schönsten Bauten der europäischen Gotik zählt das Breslauer Rathaus. Nach der Mongoleninvasion um das Jahr 1270 in der Mitte des Großen Rings als einfacher einstöckiger Bau errichtet, wurde es zwischen 1470 und 1510 aufwendig im spätgotischen Stil umgebaut. Indem es den architektonischen Einfluss verschiedener Länder in sich vereint, repräsentierte das Rathaus den Reichtum und die Bedeutung der Stadt als internationalen Handelsplatz. Aus der zweiten Hälfte des 15. Jahrhunderts stammt die Südfassade mit ihren prächtigen Erkern und den Skulpturen, die Szenen aus dem städtischen Leben des Mittelalters zeigen. Eine Besonderheit des Gebäudes ist die astronomische Uhr aus dem Jahr 1580, die die Mondphasen anzeigt. Sie befindet sich an der reich verzierten Ostfassade mit ihren herrlichen Terrakottaplastiken, stilvollen Spitztürmen und dem kunstvoll geschmückten Mittelgiebel. Der 66 Meter hohe, achteckige Rathausturm im Westteil des Gebäudes wurde zwischen 1588 und 1595 im Renaissancestil errichtet. In den Jahren 1860 bis 1863 erhielt das Rathaus einen neugotischen Erweiterungsbau nach den Entwürfen Friedrich August Stülers (1800–1865), zwei Jahre darauf wurde auch das alte Rathaus renoviert und erhielt ein neues Treppenhaus an der Nordseite.

Restauriert und multifunktional Bis heute ist das Rathaus eines der unverkennbaren Wahrzeichen der Stadt. Während des Zweiten Weltkriegs nur unwesentlich beschädigt, wurde es in der Zeit zwischen 1949 und 1953 unter der Leitung des Architekten Marcin Bukowski (1902–1987) restauriert. Das Rathaus beherbergt heute das Museum der bürgerlichen Kunst, das Historische und das Rynek Stary Museum. Im Keller ist die seit dem 13. Jahrhundert bestehende Bierwirtschaft „Schweidnitzer Keller" (Piwnica Świdnicka) zu finden. Der Eingang befindet sich in der prächtigen, mit Tier- und Blattwerkfriesen geschmückten Südfassade mit ihren großen, von turmförmigen Dächern gekrönten Renaissancefenstern. Durch das Südportal gelangt man in die ehemalige Ratsältestenstube und in die Schatzkammer. Ein zweites Portal führt in den ursprünglich als Kapelle erbauten gotischen Fürstensaal mit Kreuzrippengewölbe aus dem 15. Jahrhundert, in dem sich einst die schlesischen Herrscher trafen. Ebenso sehenswert ist die Vogtstube aus dem 13. Jahrhundert, die ehedem als Verwaltungsraum und Gerichtsstube diente. Mittelpunkt des Rathauses aber ist die zweischiffige Bürgerhalle im Erdgeschoss. Hier fanden öffentliche Versammlungen und Empfänge statt. 450 Jahre lang diente sie wochentags zudem als Markthalle.

Bobertalsperre

Vom Hochwasserschutz zum Wassersportgebiet

Um 1930 Die Bobertalsperre (Jezioro Pilchowickie) wurde von 1902 bis 1912 von der Firma Liebold errichtet. Bauzwecke waren – als Reaktion auf die Hochwasserkatastrophe des Jahres 1897– der Hochwasserschutz und die Wasserkraftgewinnung. Die Turbinen stammten von der Firma Voith aus Heidenheim und die Generatoren von Siemens-Schuckert und der AEG. Zum Zeitpunkt ihrer Errichtung war die Bobertalsperre, bei deren Einweihung auch der deutsche Kaiser anwesend war, die größte Talsperre Europas und löste damit sowohl bezüglich ihrer Höhe als auch des Speichervolumens die kurz zuvor fertig gestellte Urfttalsperre in der Eifel ab. Die Baukosten beliefen sich auf 5,7 Millionen Reichsmark zuzüglich zwei Millionen für Kraftwerk und Leitungsnetz.

Kraftwerk im Erholungsgebiet Die Bobertalsperre liegt heute im polnischen Teil des Riesengebirges in der Nähe der Orte Pilchowice (Mauer) und Wrzeszczyn (Boberullersdorf), nordwestlich von Hirschberg (Jelenia Góra) in Niederschlesien. Die Turbinen erzeugen immer noch rund 20 Millionen Kilowattstunden Strom im Jahr. Die gekrümmte Staumauer besteht aus Bruchsteinmauerwerk. Die Sperrmauer hat eine Länge von 280 Metern und eine Höhe von 60 Metern. Der See, der die aufgestauten Wassermassen des Flusses Bober auffängt, ist ungefähr 4 Kilometer lang und hat inzwischen vor allem auch bei Wassersportlern große Beliebtheit erlangt.

Krummhübel – Stabholzkirche Wang

Vom verträumten Gemeindezentrum zum viel besuchten Touristenmagneten

Um 1905 Winterlich verträumt wirkt die norwegische Stabholzkirche Wang im einstigen Krummhübel im Riesengebirge. Die Kirche wurde in der ersten Hälfte des 13. Jahrhunderts, in der Anfangszeit der Christianisierung, in Norwegen erbaut. Als die leicht verfallene Kirche 1840 dort einem größeren Gotteshaus weichen sollte, erwarb sie der preußische König Friedrich Wilhelm IV. (1795–1861) und rettete sie vor der Zerstörung. 1841 ließ sie der Monarch aus dem Vanger Fjord in Einzelteile zerlegt nach Krummhübel bringen, wo sie in etwas veränderter Form wieder aufgebaut wurde. Dem Gotteshaus wurde ein steinerner Glockenturm zur Seite gestellt. Die Kirche, deren Portale und Kapitelle herrliche Schnitzereien mit Wikingerköpfen und stilisierten Elchen schmücken, diente seither als evangelische Pfarrkirche für das hiesige Gebirgsvolk.

Über 200 000 Besucher jährlich Heute ist die Stadt Karpacz ein wichtiges touristisches Zentrum und die alte Stabholzkirche eine ihrer bedeutendsten Sehenswürdigkeiten. Schon mit dem Anschluss an das Eisenbahnnetz am 6. Juni 1895 hatte die erstmals 1599 erwähnte einstige Bergbau- und Holzarbeiterstadt Krummhübel touristische Bedeutung gewonnen. Unterbrochen vom Krieg, in dem die Stadt unbeschadet blieb, und der Zeit des Kommunismus hat sie diese Bedeutung mit der Öffnung der Grenzen nach 1989 inzwischen wiedererlangt. Mehr als 200 000 Menschen, die die Gelegenheit haben, auf dem Kirchengelände Souvenirs zu kaufen, besuchen die Kirche Wang jährlich. In den letzten zehn Jahren wurde auch der in der Nachkriegszeit zum Teil abgetragene einstige deutsche Friedhof hinter der Kirche als kulturelles Denkmal wieder aufgebaut.

Bad Warmbrunn – Schloss der Grafen von Schaffgotsch

Von der Adelsresidenz zum Universitätsinstitut

Ende 19. Jahrhundert Am Fuße des Riesengebirges liegt Bad Warmbrunn (Cieplice Śląskie-Zdrój). Bereits 1381 war der Ort, der sich im Besitz der Adelsfamilie von Schaffgotsch befand, als „Bad" bekannt. Seinen Namen verdankt er den hiesigen warmen Thermalquellen. Zusammen mit dem ansässigen Zisterzienserorden ließ die Adelsfamilie hier erste Badeanstalten errichten. Schon im 17. und 18. Jahrhundert war Bad Warmbrunn ein beliebter, vor allem von Adligen und reichen Bürgern besuchter Kurort. Das hiesige Schloss entstand in den Jahren 1784 bis 1788 unter dem Reichsgrafen Johann Nepomuk von Schaffgotsch (1732–1808), der den Oppelner Baumeister Johann Georg Rudolf mit dem Bau des barock-klassizistischen, hufeisenförmigen Palais beauftragte. An der Stelle des Schlosses hatte schon im Mittelalter ein gotisches Schloss gestanden, das Ende des 16. Jahrhunderts im Renaissancestil umgebaut wurde.

Frisch restauriert Auch heute noch gehört das Palais, das sich inzwischen in der Fußgängerzone des modernen Kurorts befindet, zu den größten Sehenswürdigkeiten der Stadt. Bad Warmbrunn war von 1935 an eine eigenständige Stadt, seit 1975 jedoch ist es ein Stadtteil der niederschlesischen Stadt Jelenia Góra (Hirschberg). Bis 1945 befand sich Warmbrunn sowie der gesamte schlesische Teil des Riesen- und des Isergebirges im Besitz der Familie von Schaffgotsch. Mit dem Ende des Zweiten Weltkrieges fiel es an Polen und die deutsche Bevölkerung wurde vertrieben. Neben den auch heute noch zahlreichen Kurgästen entdecken immer mehr Touristen den Stadtteil. Im Schloss, in dem einst die Adligen residierten, haben inzwischen Studenten und Professoren Einzug gehalten. Das vor Kurzem mit Mitteln der EU restaurierte Palais beherbergt heute eine Außenstelle der Technischen Hochschule Breslau. Den Prunkbau in der Form eines langen Rechtecks schmücken Blumengirlanden und bogenförmige Ornamente in Stuckplastik sowie das Wappen derer von Schaffgotsch. Große Teile des Innenraums sind noch im Originalzustand erhalten, aber auch die mehrmals umgestalteten Bereiche des prächtigen Monumentalbaus sind äußerst sehenswert. Mit seinem zweigeschossigen Ballsaal im Stil des Empire, den stuckverzierten Decken, Intarsienböden, Kristallleuchtern und prunkvollen Spiegeln sowie wertvollen antiken Seidentapeten bietet das Schloss seinen Besuchern zahlreiche Schätze.

Gottesberg-Rothenbach – Marktplatz
Germania verschwindet aus dem Stadtbild

Um 1905 Gottesberg-Rothenbach (Boguszów-Gorce) war mit 592 Metern ü. d. M. die höchstgelegene Stadt Preußens und aufgrund ihrer Erz- und Silbervorkommen schon im 13. Jahrhundert von sächsischen Bergleuten gegründet worden. 1499 erhielt Gottesberg-Rothenbach von König Vladislav II. von Böhmen und Ungarn (1465–1516) das Stadtrecht. Der Name „Gottesberg" wurde der Stadt 1535 verliehen. Er rührt vom Silberbergwerk her, das den Knappen als ein Segen Gottes erschien. 1742 wurde die Stadt preußisch. Noch bis in die Mitte des 19. Jahrhunderts wurden hier Silber und Erz abgebaut. Einst stand in der Mitte des Marktplatzes eine 1903 errichtete Germania-Statue – ein Kriegerdenkmal für den Deutsch-Französischen Krieg 1870/71 –, die auf einem mit zwei Reliefs verzierten Sockel thronte.

Leicht verändert Erst nach der Kapitulation vom 8. Mai 1945 wurde Gottesberg-Rothenbach ohne große Zerstörung durch den Krieg von sowjetischen Truppen besetzt, sodass sich seither viele Häuser am Marktplatz – wenn auch inzwischen restauriert – erhalten haben. So erinnert heute noch viel an damalige Zeiten. Einzig die Germania-Statue verschwand aus dem Stadtbild, nachdem Gottesberg-Rothenbach nach dem Zweiten Weltkrieg an Polen gefallen war. Die polnische Stadt in der Woiwodschaft Niederschlesien erhielt nach dem Zweiten Weltkrieg zunächst den Namen Boża Góra und später den Namen Boguszów. 1973 wurden die Orte Boguszów, Gorce (Rothenbach) und Kuźnice Świdnickie (Fellhammer) zur Stadt Boguszów-Gorce zusammengeschlossen.

Schneekoppe

Vom Hüttenzauber zum Massentourismus

Um 1910 Den Schlitten, mit denen die Bergbauern in früheren Zeiten das Heu ins Tal transportierten, bei den Hörnern gepackt, ging es schon damals von den Hängen der Schneekoppe (polnisch: Śnieżka) aus abwärts ins Tal. Die ersten Gipfelbesteigungen des höchsten Bergs des Riesengebirges datieren nachweislich bereits aus der Mitte des 15. Jahrhunderts. Seit der zweiten Hälfte des 19. Jahrhunderts entwickelte sich die Region zum stark besuchten Wintersportgebiet, die heute noch bestehenden Liftanlagen sind jedoch erst in den 1950er-Jahren entstanden. Die fantastische Aussicht von dem 1602 Meter hohen Berg machte schon damals, als der Weg nach oben noch beschwerlich war, nicht nur die winterliche Abfahrt, sondern auch das Verweilen in und rund um das verschneite Gipfelhaus zu einem Erlebnis.

Touristenzentrum in Grenzlage Die Schneekoppe liegt im Grenzgebiet zwischen Polen und Tschechien und ist der höchste Gipfel beider Länder. Auf Gipfelhöhe führt der sogenannte Freundschaftsweg an der Ländergrenze entlang. Heute führt von der südwestpolnischen Stadt Krummhübel (Karpacz) aus ein Sessellift auf die in 1377 Metern Höhe gelegene Kleine Koppe. Die letzten 255 Meter müssen zu Fuß erobert werden. Auf tschechischer Seite liegt die Talstation des Sessellifts im kleinen Ort Petzer (Snezkou). Besonders nach der Öffnung der Grenzen in Osteuropa 1989/1990 haben sich die Regionen rund um die Schneekoppe zu internationalen Touristenzentren entwickelt. Mit dem Fortschreiten der touristischen Erschließung ist auch die Gipfelbebauung moderner geworden.

Koppitz – Schloss

Trauriger Verfall der einstigen Residenz

Um 1908 Im angrenzenden See spiegelt sich der von drei Seiten mit Wasser umgebene und daher auch als „Wasserschloss" bezeichnete Palast in Koppitz (Kopice). Der Ort im Kreis Grottkau ist seit 1289 belegt. Die herausragendste Sehenswürdigkeit des einstigen Gutsdorfs war das in neugotischem Stil erbaute Schloss. Das beeindruckende, inmitten eines Landschaftsparks gelegene Prunkschloss mit Rosarium, Orangerie und Wintergarten befand sich einst im Besitz des Grafen Ulrich von Schaffgotsch (1831–1915). Zwischen 1863 und 1945 war das Schloss Familiensitz der oberschlesischen Linie des Adelshauses.

Die Geschichte des Bauwerkes geht bis auf das Jahr 1360 zurück. Nach einigen Eigentümerwechseln gelangte das Gut 1751 in den Besitz der Adelsfamilie von Sierstorpff, die es 1783 zu einer klassizistischen Residenz umbauen ließ. Schließlich erhielt das Schloss 1864 durch den Architekten Karl Johann Lüdecke (1826–1894) seine endgültige Gestalt mit Stilelementen aus Neugotik und Klassizismus sowie der niederländischen und französischen Renaissance und des englischen Tudorstils.

Niedergebrannt und verfallen Heute ist das früher so herrliche „Märchenschloss" mit seinen vielen kleinen Türmen, der abwechslungsreichen Fassade und aufwendigen Steinmetzarbeiten nur noch eine Ruine. Auch der einst so schöne 57 Hektar große Landschaftspark mit seinem Springbrunnen und Tierskulpturen, der das Schloss umgab, ist inzwischen verwahrlost. Zwar überstand das Schloss den Zweiten Weltkrieg unbeschadet, wurde 1945 jedoch mehrmals geplündert. Stand der Name von Schaffgotsch, in deren Besitz das Schloss seit 1859 war, im 19. Jahrhundert noch für eine der reichsten Familien Preußens, ist er heute kaum noch bekannt. Als kurz vor Kriegsende die Rote Armee heranrückte, musste die Familie aus Oberschlesien fliehen, wanderte 1950 nach Brasilien aus und kehrte erst Anfang der 1970er-Jahre nach Deutschland zurück. Ihr ehemaliger Familiensitz brannte 1958 aus. 1990 kaufte ein Krakauer Geschäftsmann das bis dahin immer wieder mutwilligen Zerstörungen zum Opfer gefallene Schloss mit der Zusage, es wiederherzustellen. Leider hielt er sein Versprechen nicht, und so verfällt das Schloss immer mehr und auch die Skulpturen im Schlosspark sind gestohlen oder zerstört.

Oppeln – Rathaus
Aus- und wieder aufgebaut

Anfang 20. Jahrhundert Die historische Hauptstadt Oberschlesiens entstand im 10. Jahrhundert als Gauhauptburg des altslawischen Stamms der Opolanen. Die Stadt befand sich an der Kreuzung alter Handelsstraßen, die von Kiew durch Krakau bis nach Breslau und von der Ostsee aus auf der Bernsteinstraße durch die Mährische Pforte bis nach Italien und weiter führten. Auch noch Anfang des 20. Jahrhunderts war der Markt Schauplatz eines regen Markttreibens. Das Oppelner Rathaus im Zentrum des nahezu quadratischen Marktplatzes hat eine bewegte Zeit hinter sich: Es wurde 1822 bis 1824 von einem italienischen Baumeister im Florentiner Renaissancestil erbaut. 1844 erhielt der 62 Meter hohe Rathausturm sein heutiges Aussehen mit seinem charakteristischen Zinnenkranz.

Klassizistische Strenge 1934 wurde das Rathaus zu seiner heutigen Gestalt ausgebaut. Nachdem der Rathausturm in den 1930er-Jahren eingestürzt war, wurde er 1936 im Stil des Palazzo Vecchio in Florenz wieder aufgebaut. Die dichte Bebauung rund um das Rathaus ist inzwischen aufgelockert worden. Das Rathaus der 130 000-Einwohner-Stadt wirkt dadurch heute klassizistisch streng. Rund um das Rathaus auf dem weitläufigen Ring gruppieren sich hingegen renovierte, barocke Bürgerhäuser mit verspielten Giebeln, Erkern und Türmchen und reichem Fensterschmuck. Die oberschlesische Stadt Oppeln (polnisch: Opole) an der Oder ist heute die Hauptstadt der gleichnamigen südwestpolnischen Woiwodschaft.

Oppeln – Museum des Oppelner Schlesiens

Vom Jesuitenkolleg zum Museum

1920er-Jahre Das heutige „Museum des Oppelner Schlesiens" kann auf eine erstaunliche Geschichte zurückblicken: Ursprünglich standen hier zwei Bürgerhäuser, die 1670 bzw. 1667 in den Besitz der Jesuiten übergingen. Der Komplex bestand aus einem Barockhaus und einem angrenzenden klassizistischen Stadthaus, das an einen Viereckturm angebaut wurde. Dieser war als einziger Bestandteil der 1387 erbauten und 1615 abgebrannten zweiten Burg der Stadt erhalten geblieben. 1698 wurden die beiden Gebäude verbunden. Ab 1773, als der Jesuitenorden verboten und das Gebäude säkularisiert wurde, diente das Bauwerk als Wohnhaus. In der Zeit zwischen 1816 und 1832 befanden sich hier die Räume der Oppelner Bezirksverwaltung, später diente das Gebäude als Krankenhaus. Nach einer Restaurierung befand sich im Haus das Städtische Museum, seit 1945 beherbergt es das Museum des Oppelner Schlesiens.

Restauriertes Museum Heute beherbergt das Museum eine umfangreiche archäologische Abteilung mit zahlreichen Funden von der Steinzeit bis ins frühe Mittelalter aus Oppeln und dem Oppelner Land. Neben historischen und volkskundlichen Exponaten gibt es hier auch eine Gemäldegalerei mit Werken polnischer Künstler des 19. und 20. Jahrhunderts. Das Museum präsentiert mehr als tausend Jahre Geschichte – von steinzeitlichen Mammutknochen über mittelalterliche Siedlungsmodelle bis hin zu Oppelner Trachten.

Oppeln – Reichsbahndirektion und Postdenkmal

Verwaltungsbau mit wechselnder Bestimmung

Um 1930 Zu Anfang der 1930er-Jahre bot sowohl das Monument für die im Ersten Weltkrieg gefallenen Angestellten der Postdirektion als auch die gegenüberliegende Reichsbahndirektion am Piastendamm noch einen recht ungewohnten Anblick. Das Gebäude in der Korfanty-Straße gegenüber dem Hauptpostamt, in dessen 600 Zimmern vor dem Zweiten Weltkrieg die Oberschlesische Eisenbahndirektion ihren Sitz hatte, war erst im Jahr 1923 entstanden, als die Bahndirektion nach der Teilung Schlesiens von Kattowitz nach Oppeln verlegt wurde. Das Postdenkmal wurde am 5. Oktober 1930 feierlich enthüllt. Es zeigt einen berittenen Postkurier, der in der Rechten eine Fackel hält. Schöpfer der Skulptur war der Berliner Bildhauer Felix Kupsch (1885–1969).

Moderner Neubau Die Tage der Reichsbahn sind seit dem Ende des Zweiten Weltkriegs schon längst gezählt. Heute beherbergt das neu erstandene Gebäude gegenüber dem alten Denkmal die Woiwodschaftskommandantur der hiesigen Polizei. Nur das Denkmal selbst scheint sich kaum verändert zu haben. Im Gegensatz zu den meisten anderen deutschen Monumenten aus der Vorkriegszeit ist es, nachdem die Stadt mit Ende des Krieges an Polen gefallen war, nicht dem Abriss zum Opfer gefallen.

Tschenstochau – Paulinerkloster
Wallfahrtstradition bis heute

15. August 1982 1982 begeht man im Wallfahrtsort Tschenstochau (Czestochowa) im Süden Polens die 600-Jahr-Feier des Paulinerklosters auf dem Jasna-Góra-Hügel im Westen der Stadt, zentraler Anziehungspunkt zahlreicher Pilger heute wie vor 600 Jahren. Innerhalb des von einer starken Befestigungsanlage umgebenen Klosterkomplexes befindet sich neben der Klosterkirche mit ihrem barocken Innenraum auch die kleine Marienkapelle. Sie beherbergt das größte Nationalheiligtum Polens, das Marienbild der „Schwarzen Madonna". Mit einer Höhe von 106 Metern ist der weithin sichtbare Turm der Klosterkirche der höchste Kirchturm Polens.

Meistbesuchter Wallfahrtsort Polens Wäre das im Jahr 1382 gegründete Kloster nicht so schwer befestigt gewesen, hätte es der mehrwöchigen Belagerung durch schwedische Truppen während der Schwedisch-Polnischen Kriege im Jahr 1655 womöglich nicht standhalten können. So aber ist es zum Symbol erfolgreichen nationalen Widerstands und dank des Marienbildes, das 1656 stellvertretend für die Gottesmutter Maria zur „Königin Polens" („Regina Poloniae") gekrönt wurde, zum meistbesuchten Wallfahrtsort Polens geworden. Rund fünf Millionen Pilger aus aller Welt besuchen jährlich das Paulinerkloster, allen voran der aus Polen stammende Papst Johannes Paul II. (1920–2005), der bei jeder seiner Heimatreisen das Kloster besuchte. Wie hier begleiteten bei jedem der Papstbesuche Hunderttausende von Gläubigen die Feierlichkeiten.

Neisse – Marktplatz

Kriegszerstörung und Neubau verändern das Stadtbild

Erste Hälfte 20. Jahrhundert Auf dem Wochenmarkt am Marktplatz in der Stadt Neisse (Nysa), die schon im Mittelalter als Handels- und Handwerkerstadt bekannt war, herrscht geschäftiges Treiben. Händler haben ihre Waren mit dem Pferdekarren auf den Markt gefahren und ihre Stände aufgebaut. Ausgestattet mit Körben oder Handwägen für den Transport der getätigten Einkäufe, besuchen die Bürger die Verkaufsstände. Umringt wird der Markt von Geschäften und Warenhäusern wie dem Kaufhaus Alexander Elkan. Im Hintergrund überragt die spätgotische Kirche St. Jakob mit ihrem massigen, frei stehenden Glockenturm den Marktplatz. Die dreischiffige Hallenkirche mit Chorumgang und Seitenkappellen entstand von 1224 bis 1230 und wurde im Lauf der Zeit mehrfach erweitert, so etwa sehr umfassend von 1401 bis 1431 und zuletzt vor dem Krieg 1940. Der unvollendete Glockenturm stammt aus der Zeit zwischen 1474 und 1516. Die Stadt, die aus einer slawischen Siedlung hervorgegangen ist, befand sich bis 1740 im Besitz der Breslauer Fürstbischöfe, die in Neisse residierten. Sieben der Bischöfe haben in der Jakobuskirche ihre letzte Ruhestätte gefunden.

Modernes Zentrum Der Marktplatz der Stadt Neisse, die heute zur polnischen Woiwodschaft Oppeln gehört, hat sich inzwischen zu einem modernen Stadtzentrum entwickelt. Bis auf die Jakobuskirche erinnert hier heute nur noch wenig an einstige Zeiten. Am 24. März 1945 wurde die Stadt von sowjetischen Truppen erobert und dabei zu mehr als 80 Prozent vernichtet. Vor allem der Markt wurde dabei weitgehend zerstört. Nur wenige historische Gebäude wurden in der Nachkriegszeit rekonstruiert, darunter auch die Jakobuskirche, die nach starken Beschädigungen im Zweiten Weltkrieg zwischen 1956 und 1960 wieder aufgebaut wurde. Die restlichen Gebäude sind überwiegend Neubauten, die neben Geschäften auch Wohnungen beherbergen.

Neisse – Stadtwaage

Neuanfang im „schlesischen Rom"

1934 Reich an historischen Bauten präsentiert sich der Marktplatz der oberschlesischen Stadt Neisse Mitte der 1930er-Jahre. Die 1604 im Renaissancestil errichtete Stadtwaage dominiert den Platz, in dessen Hintergrund der alte Ratsturm in die Höhe ragt. Dass die Stadtwaagen meist an Markt- und Handelsplätzen standen, verdankten sie ihrer Aufgabe: Da ein überregional einheitliches Maßsystem fehlte, konnten die Kaufleute hier ihre Güter wiegen lassen. Oftmals war für die öffentliche Gewichtskontrolle der Waren eine als „Waagen-" oder „Wiegegeld" bezeichnete Gebühr zu entrichten, die der jeweilige Stadtherr erheben konnte. In späteren Zeiten wurde die Neissener Stadtwaage als Kämmerei, also als Sitz der städtischen Finanzverwaltung, genutzt.

Kriegszerstörung und Wiederaufbau Mit ihren zahlreichen Kirchen, Klöstern und Kapellen war Neisse eine Hochburg der Gegenreformation der katholischen Bischöfe, die das protestantische Breslau verlassen hatten und hier zahlreiche Sakralbauten errichten ließen, weshalb Neisse im 16. und 17. Jahrhundert als „schlesisches Rom" galt. Die letzten Ruhestätten einiger dieser Bischöfe sind heute in der Kirche Sankt Jakobus und Sankt Agnes nordöstlich des Marktplatzes – hier im Hintergrund zu sehen – zu finden. Die imposante, zwischen 1401 und 1430 erbaute und mehrfach erweiterte, dreischiffige Hallenkirche besitzt 20 Kapellen, von denen 16 noch heute gotischen Charakter haben. Im März 1945 wurde die Stadt von sowjetischen Truppen erobert und größtenteils zerstört. Der Ratsturm wurde gänzlich vernichtet, die Stadtwaage schwer beschädigt. Nur wenige Gebäude rund um den Marktplatz wurden nach dem Ende des Zweiten Weltkriegs rekonstruiert, darunter die Stadtwaage. Den Rest des Platzes bebaute man nach dem Krieg in modernem Stil neu.

Moschen – Schloss

Von der Industriellenresidenz zur Nervenheilanstalt

Anfang 20. Jahrhundert Etwas unwirklich, wie aus dem Märchenbuch und fast ein wenig zu „aufgeräumt" und steril wirkt das Schloss in Moschen (Moszna) mit seinen vielen eigenwilligen Türmen und Erkern sowie seinem streng geometrisch angelegten Schlossgarten. Das Schloss wurde 1768 im Barockstil errichtet. Während des nach einem Schlossbrand durchgeführten Ausbaus in der Zeit zwischen 1896 und 1900, als es die Residenz der schlesischen Industriellendynastie Tiele-Winckler war, erhielt das Schloss seine heutige Gestalt mit stilistischen Merkmalen aus verschiedenen Architekturepochen. In dieser Zeit wurde auch der östliche Flügel im neogotischen Stil errichtet, während 1912 bei einem Umbau der vierstöckige Westflügel im Stil der Neorenaissance hinzukam. Im Palast der vermögenden Familie, die Kohlen- und Mangangruben, Zinkhütten und Landgüter in ganz Oberschlesien besaß und in deren Besitz sich das Schloss von 1866 bis 1945 befand, war in den Jahren 1911 und 1912 auch der preußische Kaiser Wilhelm II. (1859–1941) mehrmals zu Gast.

Nach der Modernisierung Heute erscheint das ehemals etwas künstlich wirkende Schloss einladender. Das im Zweiten Weltkrieg weitgehend unbeschädigte Bauwerk wurde von 1969 bis 1971 wieder nutzbar gemacht. Seit 1972 befindet sich in dem herrschaftlichen Bau mit seinen reichlich mit Stuck verzierten 365 Räumen ein Sanatorium für psychisch Kranke. Im Jagdsaal finden heute Konferenzen und klassische Konzerte statt – vor allem im Rahmen des jährlich stattfindenden „Fests der blühenden Azaleen". Der Palast mit den umliegenden Wäldern ist ein beliebtes Ausflugsziel für die Bewohner aus dem nahegelegenen Oppeln. Der 100 Hektar große Park im französischen und holländischen Stil, der das Schloss umgibt, ist Schlesiens größte Parkanlage. Zum Schlossgelände gehört eine schöne Lindenallee, flankiert von Wasserkanälen, entlang derer sich Stallungen eines 1948 gegründeten Pferdegestüts finden.

Sankt Annaberg

Deutsche und polnische Gedenkstätte

Um 1940 Zwischen 1934 und 1938 errichteten die Nationalsozialisten auf dem Sankt Annaberg (Góra Świetej Anny) ein Ehrenmal mit Feierstätte in Form eines Amphitheaters. Das Denkmal und die Thingstätte sollten an den Kampf um Oberschlesien erinnern. Bei der Abstimmung vom 20. März 1921 über die Zukunft Oberschlesiens hatten 60 Prozent der dortigen Wähler für einen Verbleib bei Deutschland gestimmt, in Annaberg waren es sogar 82 Prozent. Da sich im übergeordneten Wahlkreis Groß Strehlitz jedoch eine knappe Mehrheit für einen Anschluss an Polen ergab, wurde Annaberg wie alle Gebiete mit polnischer Mehrheit von polnischen Freischärlern besetzt. Am 21. Mai 1921 nahm jedoch der aus einem deutschen Freikorps gebildete Selbstschutz Oberschlesien (SSOS) den Berg ein. Während der Zeit des Nationalsozialismus wurde der Sankt Annaberg so zur Gedenkstätte für die im Kampf um Oberschlesien gefallenen Deutschen.

Sprengung und neues Wahrzeichen Noch 1945 wurde das nationalsozialistische Mausoleum von den Polen gesprengt. 1955 ersetzte das „Denkmal der aufständischen Tat" des polnischen Bildhauers Xawery Dunikowski (1875–1964), das im Gedenken an die polnischen Widerstandskämpfer errichtet wurde, das einstige deutsche Denkmal. Ursprünglich war und ist der Sankt Annaberg jedoch kein politisches, sondern ein religiöses Wahrzeichen: Hier befindet sich seit dem 16. Jahrhundert der bedeutendste Wallfahrtsort Oberschlesiens. Der Gebäudekomplex, der aus einer 1733 bis 1749 errichteten Wallfahrtsbasilika mit der berühmten Lindenholzfigur der heiligen Anna selbdritt im Hauptaltar, einem Kloster und dem Kalvarienberg auf einem Inselberg oberhalb der gleichnamigen Ortschaft Annaberg besteht, war schon damals Ziel vieler Wallfahrten. Nachdem das 1929 bis 1938 erbaute Pilgerheim 1941 von den Nationalsozialisten beschlagnahmt und die Franziskaner ausgewiesen worden waren, ist der Ort nach der Rückkehr der Franziskanermönche heute wieder ein beliebtes Wallfahrtsziel.

Schmuckstück mit bedeutender Geschichte Das romantische Schloss der Piasten in Brzeg (dem ehemaligen Brieg) in der Woiwodschaft Oppeln beherbergt heute ein Museum und ist die größte Sehenswürdigkeit des Ortes.

Das moderne Schlesien

Miteinander von Alt und Neu Schlesien ist nach den umfangreichen Zerstörungen im Zweiten Weltkrieg heute vielerorts wieder auf- und umgebaut worden und kann wieder mit liebevoll restaurierten Burgen und Schlössern, aber auch mit urbanen Zentren aufwarten. Neben der gelungenen Rekonstruktion geschichtsträchtiger Sehenswürdigkeiten konnten aber leider auch große Teile der zerstörten historischen Städte und Gemeinden nicht mehr der Nachwelt überliefert werden oder fielen dem sozialistischen Bauwahn der Nachkriegszeit zum Opfer. Das Resultat zeigt sich heute oft in einem Nebeneinander von modernem Plattenbau und rekonstruierten Kunstdenkmälern.

Freystadt – Marienkirche

Erinnerung an vergangene Zeiten

2007 Der Ursprung der 10 000-Einwohner-Stadt Freystadt (Kożuchów) liegt im Jahr 1260, als Herzog Konrad II. von Glogau (gest. um 1273) die Stadt unter dem Namen Cosuchow gründete. Ein großer Marktplatz und ein rechtwinklig angelegtes Straßennetz aus der Zeit der Stadtgründung sind noch heute zu finden. Ebenfalls aus den Anfangszeiten der Stadt stammt die Befestigungsanlage von 1273. Ein großer Teil der Stadtmauer ist mitsamt dem Wassergraben noch erhalten. Mehrere Brände und Kriege sind dafür verantwortlich, dass heute nur noch wenig vom ursprünglichen Glanz vergangener Zeiten kündet. Zu den wenigen Überbleibseln zählen aber auch die katholische Marienkirche, deren Turm hier erhaben zwischen den Häuserzeilen hervorragt, Teile des gotischen Schlosses aus dem 14. Jahrhundert und einige Bürgerhäuser am Ring aus dem 16. bis 19. Jahrhundert.

Görlitz – Obermarkt

Stadtzentrum an der Grenze zu Polen

2004 An marktfreien Tagen gleicht der Obermarkt mehr einem Park- denn einem Marktplatz. An Markttagen hingegen, wie beispielsweise beim jährlichen Schlesischen Tippelmarkt, dominieren die Menschenmassen, und die Erinnerung an schlesische Lebensart und Tradition wird wach. Der Obermarkt präsentiert sich hier vom Reichenbacher Turm, einem der höchsten Görlitzer Türme, aus. Der Blick fällt auf den 60 Meter hohen, 1378 erstmalig erwähnten Rathausturm der Stadt Zgorzelec, des polnischen Teils der heutigen Doppelstadt, der in Verlängerung des Obermarkts liegt. Rechts davon sieht man das älteste erhaltene Gebäude am Obermarkt, die eintürmige Dreifaltigkeitskirche aus der Zeit zwischen 1234 und 1245. Die beiden Türme an der Vorderseite des grünen Satteldachs gehören zur zwischen 1425 und 1497 erbauten Peterskirche.

Görlitz – Schönhof

Ein Patrizierhaus wird zum Museum

1999 Bei einem Besuch in Görlitz sollte der zwischen Neiß- und Brüderstraße gelegene Untermarkt nicht vergessen werden. Einerseits beeindrucken hier die vornehmen, vom Reichtum der einstigen Kaufleute kündenden Patrizierhäuser, andererseits wartet in der Brüderstraße 8 eine ganz besondere Attraktion auf die neugierigen Besucher: der 1526 vom Görlitzer Baumeister Wendel Roskopf dem Älteren (1480–1549) vollendete Schönhof, das älteste bürgerlichs Renaissancehaus Deutschlands und ein wahres Schmuckstück der Frührenaissance nördlich der Alpen. Das komplett sanierte Gebäude beherbergt heute das 2006 eröffnete Schlesische Museum. Auf der gegenüberliegenden Seite des Untermarktes können hingegen die Ohren auf Entdeckungsreise gehen: Das historische Gebäude am Untermarkt 22 bietet mit dem Flüsterbogen ein akustisches Phänomen – in Richtung der Vertiefung über dem Eingangstor geflüsterte Worte sind laut und deutlich auf der anderen Seite des Torbogens zu hören.

Zgorzelec – Gedenkhalle

Ein Ruhmesmonument als Museum und Kulturhaus

2007 Nach vierjähriger Bauzeit wurde 1902 die Oberlausitzer Ruhmeshalle in Zgorzelec, der polnischen Schwesterstadt von Görlitz, zum Gedenken an die Kaiser Wilhelm I. (1797–1888) und Friedrich III. (1831–1888) eingeweiht. Im bedeutendsten Monumentalbau der Wilhelminischen Ära wurde 1903 das Kaiser-Friedrich-Museum gegründet, das 1904 vom damaligen Museumsdirektor Ludwig Feyerabend (1855–1927) eröffnet wurde. Während des Zweiten Weltkrieges blieben die Pforten des Baudenkmals geschlossen, ab 1948 jedoch wurde das prunkvolle Gebäude als Kulturhaus für Feste, Veranstaltungen und Ausstellungen wieder geöffnet. Sowohl zu Zeiten des Kaiser-Friedrich-Museums als auch in vielen Ausstellungen heutiger Tage standen und stehen heimatkundliche Exponate und Ausstellungsstücke der Doppelstadt Görlitz sowie deren Geschichte und Umgebung im Mittelpunkt der Aufmerksamkeit.

Lauban – Brüderturm

Mittelalter trifft Neuzeit

2007 Inmitten des innerstädtischen Verkehrs, der Enge und des geschäftigen Treibens der 22 000 Einwohner zählenden Stadt Lauban (heute Lubán) wirkt der gewaltige Brüderturm aus dem 14. Jahrhundert fast ein wenig verloren und fehl am Platz. Er ist Zeuge einer längst vergangenen Zeit, als Lauban von einer imposanten, 2,40 Meter starken mittelalterlichen Stadtmauer umgeben war. Teile dieser Mauer sowie der Brüderturm und einige halbkreisförmige Verteidigungstürme haben die starken Zerstörungen des Zweiten Weltkrieges, denen 60 Prozent der Stadt zum Opfer fielen, überlebt. Weitere städtische Relikte aus alten Zeiten sind der Krämerturm des 500 Jahre alten Rathauses und der Turm der Pfarrkirche der Heiligen Dreifaltigkeit, die 1760 durch einen Brand zerstört wurde.

Bad Flinsberg – Kurhaus

Heilquellen im Dreiländereck

2007 Im südwestlichen Polen an der tschechischen Grenze gelegen ist der idyllische 5000-Einwohner-Ort Bad Flinsberg (Świeradow Zdrój). Bekannt ist die Kleinstadt für die heilende Wirkung der hiesigen Quellen. Deren Entdeckung liegt schon lange zurück: 1572 erkannte der Arzt Leonhard Thurneysser (1531–1595) die Heilwirkung der ersten Quelle. Nach und nach wuchs der kleine Ort zum offiziellen Kur- und Badeort. Um dem wachsenden Andrang gerecht zu werden, wurde bald ein Badehaus nach dem nächsten errichtet. Zu den ältesten Badehäusern, die bis heute in Betrieb sind, zählen das Leopoldsbad (1838), das Ludwigsbad (1879) und das Marienbad (1904). Einen Brand im Jahr 1895, dem Teile der Badeanlagen zum Opfer fielen, nutzte man, um die Anlagen den Erfordernissen eines modernen Kurbetriebs anzupassen. Vier Jahre später wurde ein neues Kurhaus eingeweiht, das bis heute als repräsentatives Zentrum des Kurbetriebs dient.

Liegnitz – Kathedralkirche

Eins der schönsten schlesischen Gotteshäuser

2007 Liegnitz,das heute Legnica heißt und die drittgrößte Stadt Niederschlesiens ist, liegt 60 Kilometer westlich von Breslau und wurde im Jahr 1004 erstmals urkundlich erwähnt. Die zwischen 1329 und 1390 errichtete gotische Kirche St. Peter und Paul ist seit 1992 die Kathedralkirche des Bistums Liegnitz. Der dreischiffige Sakralbau zählt zu den schönsten Kirchen Schlesiens und liegt am Rand des lang gestreckten Marktes. Nach umfangreichen Restaurierungsarbeiten und Umbauten nach Plänen des Berliner Architekten Johannes Otzen (1839–1911) im 19. Jahrhundert präsentiert sich die Kirche heute im neogotischen Stil.

Jauer – Friedenskirche

Wahrzeichen der evangelischen Kirchengeschichte

1999 Ein beeindruckendes Wahrzeichen der evangelischen Kirchengeschichte ist die lutherische Friedenskirche in Jauer (Jawor). Die Kirche Zum Heiligen Geist gehört heute zu den bedeutendsten schlesischen Sehenswürdigkeiten. Errichtet wurde sie im Anschluss an die Beschlüsse des Westfälischen Friedens im Jahr 1648, die den schlesischen Protestanten erlaubten, jeweils in Glogau, Schweidnitz und Jauer Kirchen zu bauen. Die Kirchen sollten aus nagellosen Holzkonstruktionen außerhalb der Stadtmauern erbaut werden. Nach der Erlaubnis in der Altranstädter Konvention im Jahr 1707 erhielt die Friedenskirche 1709 an der südlichen Langhauswand einen reichgegliederten Glockenturm. Der Sakralbau besitzt ein hohes Mittelschiff und zwei niedrigere, von Pultdächern gedeckte Seitenschiffe.

Bunzlau – Rathaus

Gedenkstätte für einen berühmten Sohn

2007 Wahrzeichen von Bunzlau ist das 1525 vom Görlitzer Stadtbaumeister Wendel Roskopf (1480–1549) im Stil der Spätgotik bzw. Renaissance umgebaute Rathaus in der Mitte des Rings, dessen ältestes Elemente die gotischen Portale aus dem 15. Jahrhundert sind. Aus der Renaissancezeit erhalten blieben allerdings nur das Rathausgewölbe mit zwei antikisierten Portalen sowie der Rathausturm. 1776 erhielt es nach zahlreichen Umbauten seine heutige Gestalt. Für den berühmtesten Sohn der Stadt wurde hier eine Gedenktafel angebracht: Martin Opitz von Boberfeld, Barockdichter, Historiker, Jurist und Philologe, erblickte am 23. Dezember 1597 in Bunzlau das Licht der Welt.

KINO ORZEŁ
PIIK

Breslau – Bismarckbrunnen

Herkulestat vor der Kulisse eines Wasserspiels

2004 Stimmungsvoll beleuchtet, bietet der 9,5 Meter hohe Bismarckbrunnen in Breslau vor dem spätabendlichen Himmel einen Anblick wie auf einer Ansichtskarte. Erbaut wurde der Brunnen 1905, damals allerdings 13 Meter weiter westlich auf der Südseite des Königsplatzes. Ein Umzug wurde in den 1980er-Jahren wegen einer Straßenumgestaltung notwendig. Der Brunnen verdankt seinen Namen der Lage gegenüber einem Bismarck-Standbild, das nach dem Zweiten Weltkrieg abgetragen wurde und an dessen Stelle sich heute eine Grünanlage befindet. Der Brunnen bildet, kaskadenartig angelegt, das Zentrum einer 1400 Quadratmeter großen Halbkreisanlage, deren Eckpunkte zwei Sandsteingruppen sind. Während die eine (links im Hintergrund) den antiken griechischen Helden Herkules im Kampf gegen den Löwen darstellt, zeigt die andere (rechts) seinen Sieg in diesem mythologischen Kampf. Nur wenige Stufen führen zwischen den beiden Skulpturengruppen auf die Terrasse hinauf, in deren Mitte sich das Wasser über mehrere Treppen in die Brunnenschale ergießt. Der im Zweiten Weltkrieg beschädigte Brunnen wurde zwischen 1990 und 1994 restauriert.

Breslau – Renoma-Haus

Warenhaus mit wechselvoller Geschichte

2002 An einer der Hauptstraßen Breslaus, der ul. Świdnicka (Schweidnitzer Straße), die von der südöstlichen Ecke des Großen Rings nach Süden führt, stand an der Stelle, an der sich heute das Einkaufs- und Geschäftszentrum Renoma befindet, schon zu preußischen Zeiten ein Kaufhaus. Das 1928 bis 1930 erbaute Warenhaus ging auf eine Gründung der Brüder Abraham und Theodor Wertheim zurück. Von den Konzerninhabern eingeführte Neuerungen wie etwa das Umtauschrecht setzten dabei Meilensteine des privaten Warenerwerbs, die bis heute Bestand haben. Während des Zweiten Weltkrieges wurde die Warenhauskette der jüdischen Inhaber von den Nationalsozialisten beschlagnahmt und aus den Wertheim-Filialen wurden AWAG-Kaufhäuser. Nach einem Neubau zwischen 1930 und 1944 und der Sanierung nach einem Bombeneinschlag wird das 1949 wiedereröffnete Breslauer Warenhaus heute unter dem Namen Renoma-Zentrum betrieben.

Breslau – Wasserturm

Die Aussicht genießen und dinieren in luftiger Höhe

2007 Vom Jahr 1905 an bis in die Mitte der 1980er-Jahre erhielten die Einwohner des Breslauer Südens ihr Wasser vom originellen Wasserturm im heutigen Stadtteil Borek. 1945, während der Belagerung der Festung Breslau, diente er als Feuerleitstelle. Aber der beeindruckende 63 Meter hohe Wasserturm im Süden Breslaus hat noch mehr zu bieten: Neben seiner außergewöhnlichen architektonischen Gestalt in roter Ziegelsteinoptik bietet er an guten Tagen einen überragenden Ausblick bis hin zu Riesengebirge und Schneekoppe in einer Entfernung von 100 Kilometern. Ebenso wie für das ehemalige Personal des Wasserturms ist der zugleich mit der Errichtung des Turms installierte Lift für die Panoramahungrigen von heute ein Segen. Der bequeme Aufzug macht nicht nur die Eroberung der in 42 Metern Höhe liegenden Plattform zum Kinderspiel, auch das 1995 eröffnete dreistöckige Restaurant Wieża Ciśnień ist auf diesem Weg im Handumdrehen erreicht.

Breslau – St. Augustinus-Kirche
Einst evangelisch, heute katholisch

2002 Die einstige evangelische Johanneskirche in der heutigen Sudecka-Straße trägt heute den Namen Augustinuskirche und ist ein katholisches Gotteshaus. Der Zentralbau entstand 1909, die Kirche wurde am ersten Advent eingeweiht. Zu der damaligen Gemeinde gehörten viele der gutsituierten Bürger der Stadt. Der monumentale Charakter des stolzen im Süden Breslaus gelegenen Kirchenbaus wird durch den 78 Meter hohen Turm und die rechteckigen Sandsteinblöcke der Fassade betont. Das mächtige Relief über dem Hauptportal zeigt die Taufe Christi. Da sich die Kirche während der Festungszeit im Zweiten Weltkrieg im Hauptkampfgebiet befand, wurde sie durch Beschuss schwer beschädigt. In der Nachkriegszeit wurde das herrliche Gotteshaus bis 1959 wieder aufgebaut. Heute wird sie von polnischen Kapuzinermönchen genutzt.

Breslau – Universität
Traditionsreich und vielseitig

2007 Im Spiegel der Oder und wunderschön beleuchtet erstrahlt die 170 Meter lange Nordfassade der Universität Breslau. Schon von fern präsentiert sich das 1998 restaurierte, traditionsreiche Lehrinstitut aus dem Jahr 1702 dem Betrachter klar und streng symmetrisch. Ganz anders die Südfassade, die mit zahlreichen Skulpturen und Barockschmuck das Auge erst von Nahem erfreut. Auch in ihrem Inneren geizt die Universität nicht mit detailverliebter und prunkvoller Ausstattung. Als Prunkstück barocker Inneneinrichtung in Breslau gilt die Aula Leopoldina aus den Jahren 1731/32. Hier findet sich kein Millimeter, der nicht mit Skulpturen oder Ornamenten kunstvoll geschmückt worden wäre. In dem großen, mit einer hervorragenden Akustik gesegneten Saal finden regelmäßig auch universitätsfremde musikalische Veranstaltungen statt. Wichtige Persönlichkeiten aus Lehre und Forschung wie der Mediziner Alois Alzheimer (1864–1915), der Chemieprofessor Robert Wilhelm Bunsen (1811–1899) und der Dichter August Heinrich Hoffmann von Fallersleben (1798–1874) sorgten für den guten Ruf und ein hohes wissenschaftliches Niveau der mittlerweile zehn Fakultäten umfassenden Universität.

Hirschberg – Marktplatz

Alte Bürgerhäuser laden zum Verweilen ein

2003 Einer der schönsten Marktplätze Schlesiens liegt in Hirschberg, dem heutigen Jelenia Góra. Seinen Charme erhält er insbesondere durch die Bürgerhäuser aus der Zeit des Barocks und des Rokokos. Frisch restauriert, erstrahlen die anmutigen Gebäude, die mit stilvoll geschwungenen Giebeln nach oben hin abschließen, in hellen Pastellfarben. In der Mitte des Rings steht das Rathaus, das zwischen 1747 und 1749 errichtet wurde. Das älteste Bauwerk jedoch ist die Ende des 14. Jahrhunderts entstandene Kirche St. Erasmus und Pankratius in der Nordostecke des Marktes. Die Zerstörungen der Stadt und ihrer Sehenswürdigkeiten durch den Zweiten Weltkrieg hielten sich zwar in Grenzen, jedoch wurden durch starke Verfallserscheinungen in den Folgejahren weitreichende Restaurierungen nötig. Die gelungenen Sanierungen sind mit ein Grund dafür, dass Hirschberg heute das touristische Zentrum der Riesengebirgsregion ist.

Hirschberg – Kynastburg

Wiederaufgebaute Festung

2002 In der zweiten Hälfte des 13. Jahrhunderts legte der Piastenherzog Boleslaw II., der Wilde (um 1220–1278) mit seinem Jägerhof auf dem Berg Chojnik den Grundstein für die spätere Festung, zu der seine Söhne den Hof ausbauten. Ende des 14. Jahrhunderts fiel die Burg durch eine Schenkung an die Familie Schaffgotsch. Weitere Ausbauten und Befestigungen, zuletzt in der ersten Hälfte des 16. Jahrhunderts, sorgten dafür, dass die Burg auf dem steilen, 627 Meter hohen, schroffen Granitfelsen seinerzeit als uneinnehmbar galt und auch nie erobert werden konnte. Am 31. August 1675 jedoch schlug ein Blitz in der Burganlage ein und ließ diese vollständig ausbrennen. In der Folgezeit war die Burganlage lange nur als Ruine zu besichtigen. Erst 1964 wurde sie von Grund auf instand gesetzt.

Fürstenstein – Schloss
Kleinod im Grünen

2006 Das größte Schloss Schlesiens liegt bei Wałbrzych (Waldenburg) auf einem Felsen inmitten dichter Wälder. Ursprünglich im 13./14. Jahrhundert als Burg angelegt, erfuhr Schloss Fürstenstein etliche bauliche Veränderungen und Erweiterungen. Auf die Anfänge verweist nur noch der quadratische Bergfried der mittelalterlichen Burg. Fürsteinstein liegt eingebettet in einen 300 Hektar großen Park, der Ende des 19. Jahrhunderts als Landschaftsgarten neu angelegt wurde. Weil die Burg auf einem Felsen ruht, wurde der Garten terrassenförmig, bestehend aus Wasser-, Flora-, Kastanien-, Rosen-, Hufeisen- und Mittlerer Terrasse, angelegt. Auch wenn ein großer Teil der Innenausstattung in den Nachkriegswirren verschwand, Einiges konnte gerettet oder wiederhergestellt werden. So erfreuen der barocke Maximiliansaal, der Jagdsaal, der Weiße Salon im Rokoko-Stil, der Chinesische Salon, der barocke Grüne Salon und der Spielsalon die Augen der Besucher.

Brieg – Rathaus

Viele Spitzen ragen gen Himmel

2007 Gut 50 Kilometer südöstlich von Breslau an der Oder liegt die Stadt Brieg (Brzeg), eine der ältesten Städte Schlesiens. Das Rathaus wurde zwischen 1570 und 1577 als Mittelpunkt des Rings errichtet. Auf den ersten Blick fallen die vielen Giebel und zahlreichen Turmspitzen auf, die dem Gebäude seine erhabene Wirkung verleihen. Schon von Weitem sichtbar, hoch über der Innenstadt aufragend, steht der Turm mit seiner durchbrochenen Haube. Auch die strahlend weiße Ornamentik und das Renaissanceportal an der Südseite sind sehenswert. An der Westfront erstrecken sich mehrere Laubengänge.

Riesengebirge – Kleiner Teich und Schneekoppe

Die Welt des Berggeists Rübezahl

2005 Das Riesengebirge erstreckt sich über 40 Kilometer zwischen den Pässen von Jakobstal und Schmiedeberg. Der berühmte Gebirgszug, in dem als höchster Berg die 1602 Meter hohe Schneekoppe aufragt, zählt zu den größten Erhebungen Mitteleuropas. Seit 1959 steht das Riesengebirge – Heimat des legendären Berggeists Rübezahl – als Nationalpark unter Naturschutz und als Biosphärenreservat unter dem Schutz der UNESCO. Das raue und wechselhafte Klima der Gegend trägt zum subalpinen Charakter der Berglandschaft mit ihren vielen Bergseen bei. Einer dieser Bergseen ist der Kleine Teich im mittleren Abschnitt des Riesengebirges. Er liegt auf 1183 Metern Höhe, ist 2,9 Hektar groß und 7 Meter tief. Besucher, die den Anblick des malerischen Bergsees genießen wollen, begeben sich auf den Wanderweg, der von Krummhübel aus bis auf die Schneekoppe führt.

Riesengebirge – Gletscherkessel
Schneegruben im Naturreservat

2003 Die Große und die Kleine Schneegrube bilden ein 127 Hektar großes, streng geschütztes Naturreservat im Riesengebirge. Die beiden nach der Eiszeit entstandenen Gletscherkessel liegen, nur durch einen schmalen Felsstreifen getrennt, zwischen der Veilchenspitze und dem Hohen Rad. Der größere der beiden Gletscherkessel ist die 800 Meter lange und 600 Meter breite Große Schneegrube. Die hier liegenden Schneemassen schmelzen auch bis zum späten Sommer nicht. In der Großen Schneegrube befinden sich zwei flache kleine Schneeteiche mit kristallklarem Wasser.

Oppeln

„Schlesisch-deutsche" Stadt

2007 Zu beiden Ufern der Oder erstreckt sich eines der schönsten und ältesten Städtchens in Schlesien. So wie hier am Stauwehr spiegeln sich in Oppeln (polnisch: Opole) vielerorts die Fassaden der Häuser in dem gemächlich dahinfließenden Gewässer. Knapp 130 000 Einwohner bevölkern die Stadt, viele von ihnen sind in der Industrie beschäftigt. Die Zement-, Beton-, Kunststein-, Papier- und Bekleidungsindustrie sind die Hauptwirtschaftszweige Oppelns. Mit Stolz blickt die Stadt auf viele bekannte Söhne und Töchter, unter ihnen Miroslav Klose (geb. 1978), erfolgreicher Bundesliga- und Nationalspieler in Deutschland. Ungefähr ein Drittel der Bevölkerung Oppelns und seiner Umgebung besitzt die doppelte deutsch-polnische Staatsbürgerschaft.

Görbersdorf – Ehemaliges Lungensanatorium

Morgens Heilkur, nachmittags Sport

2007 Seit 1850 ist das Örtchen Görbersdorf (heute Sokołowsko) im Waldenburger Bergland ein heilklimatischer Kurort. Die erste Einrichtung wurde von Marie von Colomb (1808–1868) als Kaltwasserheilanstalt gegründet. Vier Jahre später gründete Dr. Herrmann Brehmer (1826–1889) seine Anstalten und spezialisierte sich auf die Behandlung von Lungenerkrankungen und Tuberkolose. Es folgten weitere Sanatorien. Um 1900 weilten mit 1100 Gästen mehr Auswärtige als Einwohner im Ort. Nach dem Ersten Weltkrieg gesellte sich zu den teuren Heilanwendungen der Wintersport im Angebot für die Reichen, sogar eine Skisprungschanze wurde um 1930 errichtet. Ende des 20. Jahrhunderts wurde das Behandlungsspektrum auf allgemeine Atemwegserkrankungen, Alzheimer, Demenzfälle und Gerontopsychiatrie ausgedehnt.

Wartha
Marienkult in idyllischer Umgebung

2002 Das idyllische kleine Örtchen Wartha (heute Bardo) im Süden Niederschlesiens beherbergt knapp 3000 Einwohner. Im Zentrum ragt die zweitürmige Wallfahrtskirche Mariae Heimsuchung auf, deren 42 Zentimeter große romanische Marienfigur unzählige Pilger anzieht und den Ort zu einem der bekanntesten schlesischen Wallfahrtsorte macht. Das größte Gebäude des Ortes, 1686-1704 erbaut, hat aber noch mehr zu bieten. So erwarten die jährlich 170 000 Wallfahrer eine gewaltige Rokokoorgel von 1759, die Barockkanzel von 1696 und das Altarbild, das die „Heimsuchung Mariens" darstellt. Weitere Sehenswürdigkeiten außerhalb der Kirche sind der Rosenkranzberg, die Marienkapelle (1617) auf dem Warthaberg, die steinerne Brücke über die Glatzer Neiße (15. Jahrhundert) und der Bergsturz von Wartha, das Relikt eines massiven Felsabbruches aus dem Jahr 1598.

Glatz – Rathaus
Repräsentativer Mittelpunkt im Zentrum der Stadt

Glatz – Schlossberg

Schöne Aussichten

2007 Als malerisches Ensemble präsentiert sich der Glatzer Schlossberg im Hintergrund des Rathausturms (links) und der Türme der Kirche St. Maria (rechts). Die Stadt Glatz liegt zu Füßen eines felsigen Hügels am linken Neißeufer. Auf diesem errichtete der böhmische Fürst Slavnik im Jahr 981 erstmals eine Burg, die im Lauf der Jahre zwar mehrmals zerstört, jedoch unter ihren jeweiligen Herrschern auch immer wieder aufgebaut und stärker befestigt wurde. Der letzte der die Burg als Festung nutzte, war König Friedrich der Große (1712–1786), der die Anlage 1742 sogar noch weiter ausbauen ließ. Das aktuelle Erscheinungsbild des Schlossbergs und seiner Bauten entspricht in großen Teilen der Zeit, als Friedrich der Große hier einst seine Befehle zur Grenzsicherung erteilte. Heute ist der Besuch des Schlossbergs und der Festungsruinen äußerst beliebt, da er einen wunderschönen Ausblick auf die Stadt und das Glatzer Bergland bietet. Auch die im Mittelalter angelegten unterirdischen Gänge, die sich über 40 Kilometer unter der Burganlage erstrecken, sind teilweise für Besucher begehbar.

2006 An der Glatzer Neiße, rund 80 Kilometer südwestlich von Breslau und umgeben vom Glatzer Bergland, liegt die Stadt Glatz (Klodzko) in einem Kessel mit einem Durchmesser von etwa 40 Kilometern. Ihren Namen verdankt die Stadt der „Cladsko" genannten böhmischen Festung aus dem Jahr 981. Im Mittelpunkt der Stadt liegt der Ring, der 1654 durch den Rathausturm bereichert wurde, dessen Spitze aus der Spätrenaissance stammt und der dank seiner Höhe nicht nur das bunte Treiben auf dem Markt, sondern auch die gesamte Innenstadt überragt. Zwischen 1887 und 1890 folgte das im Jugendstil errichtete restliche Rathaus, wie es sich heute dem Betrachter präsentiert.

Albendorf – Wallfahrtskirche Mariä Heimsuchung
„Schlesisches Jerusalem"

2002 Das malerische Örtchen Albendorf (Wambierzyce) hat sich schon 1218 seinen Status als Wallfahrtsort verdient: Ein Blinder soll hier beim Anbeten einer Marienfigur sein Augenlicht wiedererlangt haben. Seither ist der Marienkult in Albendorf lebendig. Einen regelrechten Kapellenbauboom und damit ein Wiederaufleben der Wallfahrten erlebte Albendorf ab dem Jahr 1677 unter dem Grundherrn Daniel Paschasius von Osterberg (1634–1711). Ihm ist es auch zu verdanken, dass der Prager Erzbischof Johann Friedrich von Waldstein (1642–1694) Albendorf im Jahr 1679 zu einer eigenständigen Pfarrei erhob. Die durch von Osterberg in Auftrag gegebene Wallfahrtskirche läutete jedoch lediglich ein Jahr lang Andachten ein: Bauliche Mängel sorgten für einen schnellen Abriss. Graf Franz Anton von Götzen (1693–1738) sorgte 1715 für einen Wiederaufbau. Seitdem präsentiert sich die 1720 geweihte Kirche Mariä Heimsuchung in einem warmen Ockergelb erstrahlend, mächtig und burgartig. Dafür sorgen die 54 Meter breite Fassade im Renaissancestil und die einladende, weite Treppe mit ihren 33 Stufen, die sinnbildlich für die Lebensjahre Christi stehen. Ziel Tausender Wallfahrer ist die Albendorfer Madonna, eine gotische Figur der Heiligen Mutter Gottes, die in einem kleinen Schrein ihre Besucher erwartet. Seit 1936 hat die Wallfahrtskirche den Rang einer päpstlichen Basilica minor inne.

Bad Kudowa – Sanatorium „Polonia"

Flanieren im Kurpark

2005 Bad Kudowa (Kudowa-Zdrój) liegt im Westen des Glatzer Berglands und ist durch die umliegenden dichten Wälder und Berge als der Kurort mit dem mildesten, temperaturkonstantesten und windärmsten Klima Niederschlesiens bekannt. Fünf Heilquellen stehen hier zur Verfügung, um fast alle körperlichen und seelischen Beschwerden zu lindern. Drei der Quellen – „Eniadecki", „Marchlewski" und „Moniuszko" – dienen der Trinkkur, im Mineralbad und im Gasbad baden sich die Gäste seit 1870 gesund. Zahlreiche Erholungs- und Heilungssuchende erleben hier alljährlich einen regenerierenden Aufenthalt im Sanatorium „Polonia". Das malerische Gebäude mit seiner Fassade im Fachwerkstil am Eingang des Kurparks stammt aus dem Jahr 1900. Im 15 Hektar großen Park wachsen viele seltene subtropische Pflanzen.

Hindenburg – Schrotholzkirche

Bergbaustadt mit besonderem Reiz

2007 Die Stadt Hindenburg, gelegen auf der Schlesischen Hochebene, existierte unter diesem Namen nur in der Zeit zwischen 1915 und 1946, nachdem Stadt und Landkreis Zabrze nach der Schlacht bei Tannenberg (August 1914) zu Ehren des Generalfeldmarschalls Paul von Hindenburg (1847–1934) umbenannt wurden. Davor, seit den Anfängen der Stadt um 1300, und in späterer Zeit bis heute trug und trägt die Stadt den polnischen Namen Zabrze. Seit 1841 wird in dieser Region, dem oberschlesischen Industrierevier, Bergbau betrieben. Ein Bergbaumuseum und die 1973 stillgelegte Königin-Luise-Hütte – heute ein Industriedenkmal – sowie öffentlich zugängliche Stollen erzählen vom Leben der Bergleute untertage. Weitere Sehenswürdigkeiten der Stadt sind zahlreiche Kirchen – darunter die hier im Bild zu sehende Holzkirche aus dem Jahr 1354 –, der Wasserturm, das Hauptpostgebäude und das Neue Theater.

Habelschwerdt – Blick vom Floriansberg

Stilmix aus Jung und Alt

2000 Die Ursprünge der Stadt Habelschwerdt (Bystrzyca Kłodzka) liegen in der zweiten Hälfte des 13. Jahrhunderts. Die Stadt geht auf eine Siedlung zurück, die am Handelsweg von Prag zur Ostsee lag. Aus der Anfangszeit der Stadt stammt die 1336 erstmalig erwähnte gotische Stadtpfarrkirche St. Michael (links), deren Glockenturm einst in die Stadtmauer integriert war und die als ältestes Bauwerk der Stadt gilt. In den Jahren 1475 und 1753 ließen Brände Erneuerungen der Kirche notwendig werden, 1914 schloss sich ein Umbau im neugotischen Stil an. Im Bildzentrum ist ein weiterer Turm zu sehen: der Rathausturm, der als einziger Teil des ursprünglich 1451 erbauten Gebäudes heute noch dem Stil eines Florentiner Renaissancepalastes entspricht. Zwischen den historischen Gebäuden gruppieren sich Wohnhäuser aus jüngerer Zeit.

Bad Landeck – Kurhaus „Wojciech"

Kurbad der einstigen Könige

2006 Die Stadt Bad Landeck (Ladek Zdrój) in Niederschlesien ist der älteste Kurort Polens. Erste Erwähnungen des Bades gehen auf das 13. Jahrhundert zurück. Die Nutzung der radiumhaltigen warmen Schwefelquellen ist ab dem 16. Jahrhundert belegt. 1604 wurde die erste Werbeschrift für den künftigen Kurort herausgegeben, wenig später entstanden die ersten Kuranlagen. Das Badehaus Marienbad (heute Wojciech), 1678 über der „Schwefelquelle" errichtet, zählt ebenso dazu wie Unterkünfte für die Kurgäste und die 1688 erbaute Marienkapelle.

Register

Bildnachweis

Für die Bereitstellung von Bildmaterial zur Verwendung in diesem Buch dankt der Verlag der Bildagentur picture alliance.

pa•picture alliance

Seite 2 picture-alliance/Forum **6** picture-alliance/Bildagentur Huber/R. Schmid **8** picture-alliance/Forum **10** picture-alliance/Forum **11** picture-alliance/Forum **12/13** picture-alliance/akg-images **14** picture-alliance/dpa/CAF **15** picture-alliance/akg-images **16/17** picture-alliance/akg-images **18** picture-alliance/dpa **19** picture-alliance/Forum 20 picture-alliance/akg-images **21** picture-alliance/Forum **22/23** picture-alliance/akg-images **24** picture-alliance/Forum **25** picture-alliance/akg-images/Paul W. John **26** picture-alliance/akg-images **27** picture-alliance/akg-images **29o** picture-alliance/Forum **29u** picture-alliance/dpa/Cyranek **30** picture-alliance/akg-images/Paul W. John **31** picture-alliance/dpa/CAF **32** picture-alliance/akg-images **33** picture-alliance/dpa/CAF **34/35** picture-alliance/dpa **36** picture-alliance/akg-images **37** picture-alliance/akg-images **38** picture-alliance/Forum **40/41** picture-alliance/Forum **42/43** picture-alliance/Forum **44/45** picture-alliance/Forum **46/47** picture-alliance/Forum **48/49** picture-alliance/Forum **50/51** picture-alliance/Forum **52/53** picture-alliance/Forum **54/55** picture-alliance/Forum **56/57** picture-alliance/Forum **58/59** picture-alliance/Forum **60/61** picture-alliance/Forum **62/63** picture-alliance/Forum **64/65** picture-alliance/Forum **66/67** picture-alliance/Forum **68** picture-alliance/dpa/Roland Witschel **69** picture-alliance/ZB/Jens Trenkler **70/71o** picture-alliance/ZB/Jens Trenkler **71u** picture-alliance/ZB/Matthias Hiekel **72** picture-alliance/CAF/PAP **73** picture-alliance/dpa/Lars Halbauer **74/75** picture-alliance/Forum **76** picture-alliance/akg-images **77** picture-alliance/Bildagentur Huber/Gräfenhain **78/79** picture-alliance/Forum **80/81** picture-alliance/Forum **82/83** picture-alliance/Forum **84/85** picture-alliance/akg-images **86/87** picture-alliance/Forum **88/89** picture-alliance/Forum **90** picture-alliance/akg-images **91** picture-alliance/Bildagentur Huber/Gräfenhain **92/93** picture-alliance/Forum **94/95** picture-alliance/Forum **96/97** picture-alliance/Forum **100/101** picture-alliance/Forum **102** picture-alliance/akg-images **103** picture-alliance/PAP/Adam Hawazej **104/105** picture-alliance/Forum **106/107** picture-alliance/Forum **108/109** picture-alliance/Forum **110/111** picture-alliance/Forum **112** picture-alliance/PAP/Andrzej Rybczynski **113** picture-alliance/Forum **114/115** picture-alliance/Forum **116/117** picture-alliance/akg-images **118/119** picture-alliance/Forum **120/121** picture-alliance/Forum **122** picture-alliance/PAP/Adam Hawazej **124** picture-alliance/Forum **125** picture-alliance/ZB/Matthias Hiekel **126** picture-alliance/dpa/Jens Trenkler **127** picture-alliance/Forum **128** picture-alliance/Forum **129** picture-alliance/Forum **130** picture-alliance/Forum **131** picture-alliance/Forum **132/133** picture-alliance/akg-images **134/135** picture-alliance/Forum **136** picture-alliance/Forum **137** picture-alliance/Forum **138** picture-alliance/Forum **139** picture-alliance/Forum **140** picture-alliance/Forum **141** picture-alliance/Forum **142** picture-alliance/Forum **143** picture-alliance/Forum **144** picture-alliance/Forum **145** picture-alliance/Forum **146/147** picture-alliance/Forum **148** picture-alliance/Forum **149** picture-alliance/Forum **150** picture-alliance/Forum **151** picture-alliance/Forum **152/153** picture-alliance/Forum **154** picture-alliance/Forum **155** picture-alliance/dpa/Lars Halbauer **156** picture-alliance/Forum **157** picture-alliance/Forum

Verlag und Redaktion bedanken sich ganz besonders bei Tanja Göbl und Ellen Hansmann für die unermüdliche Unterstützung bei der Bildredaktion zu diesem Buch.